本書の特長と使い方

　本書は，ノートの穴うめで最重要ポインに取り組むことで，中学英語の基礎を徹底的に固めてす～ッと得点アップを目指すための教材です。

　1単元2ページの構成です。

ここから例文の音声が聞けます。
くわしくは2ページへ

❶ 例文
　＿＿＿＿＿をうめて完成させましょう。

第2章　be動詞と一般動詞・疑問詞①
1 be動詞と一般動詞

音声
をききながら
をうめよう!

be動詞
He is my friend.
彼は友達です。

一般動詞
I like math.
私は数学が好きです。

I run.
私は走ります。

Point! am, are, is を be動詞，それ以外の動詞のことを一般動詞と言う。

be動詞を使った文
　「私は〜です」は〈I am 〜.〉，「あなたは〜です」は〈You are 〜.〉，
「彼は／彼女は〜です」は〈He / She is 〜.〉で表す。am, are, is は be動詞と言う。

彼女は12歳です。
She ＿＿＿＿ twelve.

■日本文を英語になおしましょう。
彼はハルキです。
➡ ＿＿＿＿ is Haruki.
彼は背が高くありません。
➡ ＿＿＿＿＿＿＿＿ tall.
彼は優しいですか。
➡ ＿＿＿＿＿＿＿ kind?

memo
否定文は〈主語＋be動詞＋not 〜.〉
疑問文は〈be動詞＋主語 〜?〉

memo
he is の短縮形はhe's。
she is の短縮形はshe's。

■日本文に合うように，（ ）内の語句を並べかえましょう。
マイは礼儀正しいです。
(is / polite / Mai).

主語とbe動詞の
組み合わせを
思い出そう。

一般動詞を使った文
　動作を表すときは，have，play，walk などの動詞を使う。
be動詞以外のこれらの動詞を一般動詞と言う。

私はペンを持っています。
I ＿＿＿＿ a pen.
私はバスケットボールをします。
I ＿＿＿＿ basketball.
私は歩きます。
＿＿＿＿＿＿＿＿＿ .

■日本文を英語になおしましょう。
私は自転車を持っています。
➡ ＿＿＿＿＿＿＿＿ a bicycle.
私は車を運転しません。
➡ ＿＿＿＿＿＿＿＿ a car.
あなたは野球をしますか。
➡ ＿＿＿＿＿＿＿＿ baseball?

否定文のときは一般動詞の前に
do not[don't]を置く

疑問文のときは，do[does]を主語の前に置く

memo
動作を表す一般動詞
come(来る)/ eat(食べる)/
go(行く)/ run(走る)/
speak(話す)/ study(勉強する)/
play((スポーツなどを)する)

状態を表す一般動詞
have(〜を持っている。〜を食べる。
〜を飼っている)/
know(〜を知っている)/
like(〜が好きである)

確認問題
(1) 日本文に合うように，（ ）の中から必要な語句を選んで英文を作りましょう。
あなたは夕食を作りますか。
(dinner / cook / do / are / you)?
➡ ＿＿＿＿＿＿＿＿ ?

(2) 日本文を英語になおしましょう。
彼女は医者ではありません。
➡ ＿＿＿＿＿＿＿＿

---

❷ まとめノート
　授業を思い出しながら，＿＿に単語や英文を書きこんでいきましょう。

❸ 確認問題
　ノートに整理したポイントが身についたかどうかを確認問題で確かめましょう。

登場する
キャラクター

数犬チャ太郎

かっぱ

ICTコンテンツを活用しよう！

本書には，**QRコード**を読み取るだけで聞ける音声データがついています。「授業が思い出せなくて大事な例文もわからない…」そんなときは，音声データを聞いてみましょう。

音声データを聞こう

❶ 各ページの QR コードを読み取る

PC から
https://cds.chart.co.jp/books/bcjvmrftqf

❷ 例文番号を選ぶ

本冊の に対応しています

❸ 音声を聞く！

音声の速度は調節できます

くり返し聞いて耳を慣らしていこう。

便利な使い方

ICT コンテンツが利用できるページをスマホなどのホーム画面に追加することで，毎回 QR コードを読みこまなくても起動できるようになります。くわしくは QR コードを読み取り，左上のメニューバー「≡」▶「ヘルプ」▶「便利な使い方」をご覧ください。

QR コードは株式会社デンソーウェーブの登録商標です。　内容は予告なしに変更する場合があります。
通信料はお客様のご負担となります。Wi-Fi 環境での利用をおすすめします。また，初回使用時は利用規約を必ずお読みいただき，同意いただいた上でご使用ください。
ICT とは，Information and Communication Technology（情報通信技術）の略です。

目　次

1 英語の音と文字・場面の表現

音声をききながら　をうめよう！

アルファベット

A a	B b	C c	D d	E e	F f	G g	H h	I i	J j
K k	L l	M m	N n	O o	P p	Q q	R r	S s	T t
U u	V v	W w	X x	Y y	Z z				

Point! アルファベットの大文字・小文字と，自己紹介に使う表現を覚える。

アルファベットの大文字と小文字

■日本語を英語になおしましょう。

松本メグミ

京都

➡ _____

➡ _____

> **memo**
> 名前や地名などの
> 固有名詞の
> 最初は大文字。

■大文字は小文字に，小文字は大文字に書きかえましょう。

UMBRELLA（かさ）

apple（リンゴ）

➡ _____

➡ _____

アルファベットと音

■ game（ゲーム，試合）の下線部分と同じ発音の語句を選びましょう。

August（8月）　　piano（ピアノ）　　make（〜を作る）　　family（家族）

基本的なあいさつ①　「私は〜です。はじめまして」

「私は〜です」は，〈I'm ＋ 自分の名前〉。「はじめまして」は，〈Nice to meet you.〉。

こんにちは。私は鈴木ケンタです。はじめまして。

Hello! _____ Suzuki Kenta. Nice to _____ you.

基本的なあいさつ②　「あなたの名前は何ですか」

「あなたの名前は何ですか」は〈What's your name?〉。

あなたの名前は何ですか。

_____ your name?

基本的なあいさつ③　「私の名前は～です。こちらこそ，はじめまして」

「私の名前は～です」は，〈My name is ＋ 自分の名前〉。

「こちらこそ，はじめまして」は，〈Nice to meet you, too.〉。

私の名前は田中ハナです。こちらこそ，はじめまして。

_____ _____ _____ Tanaka Hana. Nice to meet you, _____ .

■日本文を英語になおしましょう。

私の名前はケンタです。

➡ _____ Kenta.

こちらこそ，はじめまして。

➡ Nice to meet you, _____ .

└----「こちらこそ」を意味する語が入る

（確認問題）

(1)　日本文を英語になおしましょう。
　　「私はナオミです。」 ➡ _____

(2)　英文を日本語になおしましょう。
　　My name is Shota. What's your name?
　　➡ _____

(3)　「こちらこそ，はじめまして。」という意味になるように，（　　　）内の語句を
　　並べかえましょう。
　　(to / you, / too / nice / meet). ➡ _____ .

2　I am 〜.「私は〜です」/
I like 〜.「私は〜が好きです」

音声をききながら＿をうめよう！

I am Saki.

私はサキ<u>です</u>。

I like *dango*.

私はだんご<u>が</u><u>好き</u><u>です</u>。

Point!　I am[I'm] 〜「私は〜です」, I like 〜「私は〜が好きです」など,

自己表現に使える基本的な表現を覚える。

「私は〜です」

「私は〜です」は, 〈I am 〜.〉。

私はタクです。

＿＿＿＿＿　＿＿＿＿＿ Taku.

■日本文を英語になおしましょう。

私はハヤトです。

➡ ＿＿＿＿＿ Hayato.

私は先生です。

➡ ＿＿＿＿＿　＿＿＿＿＿ a teacher.

> **memo**
> I amの短縮形はI'm。

「私は〜ではありません」

「私は〜ではありません」は, 〈I am not 〜.〉。

私はタクではありません。

＿＿＿＿＿　＿＿＿＿＿　＿＿＿＿＿ Taku.

■日本文を英語になおしましょう。

私はケンタではありません。

➡ ＿＿＿＿＿　＿＿＿＿＿　＿＿＿＿＿ Kenta.

私は元気ではありません。

➡ ＿＿＿＿＿　＿＿＿＿＿　＿＿＿＿＿ ＿＿＿＿＿.

⌐‥‥否定をするときはnotを使う

「私は〜が好きです」

「私は〜が好きです」は，〈I like 〜.〉。

私はコーヒーが好きです。

3🔊 ＿＿＿＿＿ ＿＿＿＿＿ coffee.

■日本文を英語になおしましょう。

私はバナナが好きです。

➡ ＿＿＿＿＿ ＿＿＿＿＿ bananas.

「私は〜が好きではありません」

「私は〜が好きではありません」は，〈I do not[don't] like 〜.〉。

私はコーヒーが好きではありません。

4🔊 ＿＿＿＿＿ ＿＿＿＿＿ ＿＿＿＿＿ coffee.

■日本文を英語になおしましょう。

私は牛乳が好きではありません。

➡ ＿＿＿＿＿ ＿＿＿＿＿ ＿＿＿＿＿ milk.

＼‒‒‒do notの短縮形が入る

> **memo**
> do notの短縮形はdon't。

確認問題

(1) 日本文を英語になおしましょう。
① 私はヒロキ(Hiroki)です。 ➡ ＿＿＿＿＿＿＿＿＿＿＿＿＿

② 私はユイ(Yui)ではありません。 ➡ ＿＿＿＿＿＿＿＿＿＿＿

(2) 日本文に合うように，(　　)内の語句を並べかえましょう。
① 私はネコが好きです。
(like / cats / I). ➡ ＿＿＿＿＿＿＿＿＿＿＿ .

② 私は野球が好きではありません。
(don't / baseball / I / like). ➡ ＿＿＿＿＿＿＿＿＿＿＿ .

3 Are you 〜? / Do you 〜? 「あなたは〜ですか」

音声をききながら＿＿をうめよう！

Are you Kana?
あなたはカナですか。

Kana?

Do you like pizza?
あなたはピザが好きですか。

Point! 「あなたは〜ですか」は 〈Are you 〜?〉〈Do you 〜?〉で表すことができる。

「あなたは〜です」「あなたは〜が好きです」

「あなたは〜です」は 〈You are 〜.〉,「あなたは〜が好きです」は 〈You like 〜.〉で表す。

■日本文を英語になおしましょう。

あなたはタクです。

➡ ＿＿＿＿＿＿＿＿＿＿ Taku.

あなたはチーズが好きです。

➡ ＿＿＿＿＿＿＿＿＿＿ cheese.

「あなたは〜ですか」

〈You are 〜.〉の疑問文は 〈Are you 〜?〉で表す。

答えるときも be動詞を使い，〈Yes, I am.〉または 〈No, I'm not.〉と答える。

あなたはヒロシですか。

＿＿＿＿＿ ＿＿＿＿＿ Hiroshi?

— はい，そうです。 / いいえ，そうではありません。

—— Yes, ＿＿＿＿＿ ＿＿＿＿＿ . / No, I'm ＿＿＿＿＿ .

■日本文を英語になおしましょう。

あなたはミカですか。 ➡ ＿＿＿＿＿＿＿＿＿ Mika?

— いいえ，そうではありません。 ➡ — No, ＿＿＿＿＿＿＿＿＿ .

memo
youでたずねられたら，Iで答える。

「あなたは〜が好きですか」

〈You like 〜.〉の疑問文は〈Do you like 〜?〉で表す。

答えるときは do を使い，〈Yes, I do.〉または〈No, I don't.〉で答える。

あなたは魚が好きですか。

🔊 ＿＿＿＿＿ ＿＿＿＿＿ like fish?

— はい，好きです。/ いいえ，好きではありません。

🔊 — Yes, I ＿＿＿＿＿ . / No, I ＿＿＿＿＿ .

■日本文を英語になおしましょう。

あなたは歌が好きですか。 ➡ ＿＿＿＿＿＿＿＿＿＿＿＿＿ songs?

— はい，好きです。 ➡ — Yes, ＿＿＿＿＿ ＿＿＿＿＿ .

> 「あなたは〜が好きですか」と聞くときは，文頭にDoを置くよ。

確認問題

(1) 「あなたはケーキが好きですか。」という意味になるように，（　　）内の語句を並べかえましょう。

(you / cakes / like / do)? ➡ ＿＿＿＿＿＿＿＿＿＿＿＿＿ ?

(2) 会話を完成させましょう。

①A：あなたはお茶が好きですか。

➡ ＿＿＿＿ ＿＿＿＿ ＿＿＿＿ ＿＿＿＿ ?

B：はい，好きです。 ➡ ＿＿＿＿ , ＿＿＿＿ ＿＿＿＿ .

②A：あなたはサッカー選手ですか。

➡ ＿＿＿＿ ＿＿＿＿ ＿＿＿＿ ＿＿＿＿ ?

B：いいえ，そうではありません。 ➡ ＿＿＿＿ , ＿＿＿＿ ＿＿＿＿ .

③A：あなたは学生ですか。

➡ ＿＿＿＿＿＿＿＿＿＿＿＿＿

B：はい，そうです。 ➡ ＿＿＿＿＿＿＿＿＿＿＿＿＿

4 This / That / He / She is 〜.

This is a camera.
これはカメラです。

That is a Ferris wheel.
あれは観覧車です。

Point! 近くのものを指して言うときは this,
離れたところにあるものを指して言うときは that を使う。

「これは〜です」の文

「これは〜です」は〈This is 〜.〉,「あれは〜です」は〈That is 〜.〉で表す。

これは本です。

 ＿＿＿＿＿ ＿＿＿＿＿ a book.

■日本文を英語になおしましょう。

これは写真です。 ➡ ＿＿＿＿＿ ＿＿＿＿＿ a picture.
└‥‥「これ」という意味の語が入る

> **memo**
> 主語がthisやthatのとき,
> be動詞にはisを使う。

「これは〜ではありません」の文（否定文）

〈This is 〜.〉〈That is 〜.〉の否定文は be動詞の後ろに not を置き,

〈This is not 〜.〉〈That is not 〜.〉で表す。

これは本ではありません。

＿＿＿＿＿ ＿＿＿＿＿ ＿＿＿＿＿ a book.

■日本文を英語になおしましょう。

これは写真ではありません。 ➡ ＿＿＿＿＿ ＿＿＿＿＿ ＿＿＿＿＿ a picture.

「これは〜ですか」の文 (疑問文)

〈This is 〜.〉〈That is 〜.〉の疑問文は, 主語と be動詞の位置を逆にして〈Is this 〜?〉〈Is that 〜?〉で表す。答えるときは〈Yes, it is.〉〈No, it's not.〉と言う。

これは本ですか。

🔊 ③ _____ _____ a book?

— はい, そうです。/ いいえ, そうではありません。

🔊 ④ — Yes, _____ _____ . / No, _____ _____ .

■日本文を英語になおしましょう。

これは写真ですか。 ➡ _____ a picture?

— いいえ, ちがいます。 ➡ — No, _____ _____ .

memo

No, it is not.
= No, it's not.
= No, it isn't.

「彼は〜です」「彼女は〜です」の文

「彼は〜です」は〈He is 〜.〉,「彼女は〜です」は〈She is 〜.〉で表す。

彼はトムです。

🔊 ⑤ _____ _____ Tom.

■日本文を英語になおしましょう。

彼は医者です。 ➡ _____ a doctor.

確認問題

(1) 「彼女はアーティストですか。」という意味になるように, ( )内の語句を並べかえましょう。

(an artist / is / she)? ➡ _____ ?

(2) 日本文を英語になおしましょう。

①これはトマトです。 ➡ _____

②これはかばんではありません。 ➡ _____

1 be動詞と一般動詞

音声をききながら＿＿をうめよう！

be動詞

He is my friend.
彼は友達です。

一般動詞

I like math.
私は数学が好きです。

I run.
私は走ります。

Point! am, are, is を be動詞，それ以外の動詞のことを一般動詞と言う。

be動詞を使った文

「私は～です」は〈I am ～.〉，「あなたは～です」は〈You are ～.〉，

「彼は / 彼女は～です」は〈He / She is ～.〉で表す。am, are, is を be動詞と言う。

彼女は 12 歳です。

She ＿＿＿＿＿ twelve.

■日本文を英語になおしましょう。

彼はハルキです。

➡ ＿＿＿＿＿ is Haruki.

彼は背が高くありません。

➡ ＿＿＿＿＿ ＿＿＿＿＿ tall.

　　　└-- He isの短縮形

彼は優しいですか。

➡ ＿＿＿＿＿＿＿＿＿ kind?

memo
否定文:〈主語＋be動詞＋not ～.〉
疑問文:〈be動詞＋主語 ～?〉

memo
he isの短縮形はhe's,
she isの短縮形はshe's.

■日本文に合うように，（ ）内の語句を並べかえましょう。

マイは礼儀正しいです。

(is / polite / Mai).

➡ ＿＿＿＿＿＿＿＿＿＿＿＿＿＿＿ .

主語とbe動詞の
組み合わせを
思い出そう。

一般動詞を使った文

動作を表すときは，have，play，walk などの動詞を使う。

be動詞以外のこれらの動詞を一般動詞と言う。

私はペンを持っています。

I _____ a pen.

私はバスケットボールをします。

I _____ basketball.

私は歩きます。

_____ _____ .

■日本文を英語になおしましょう。

私は自転車を持っています。

➡ _____ _____ a bicycle.

私は車を運転しません。

➡ _____ _____ _____ a car.

- - - - 否定文のときは一般動詞の前に
do not[don't]を置く

あなたは野球をしますか。

➡ _____ _____ _____ baseball?

- - - 疑問文のときは，do[does]を主語の前に置く

memo

動作を表す一般動詞

come(来る)/ eat(食べる)/
go(行く)/ run(走る)/
speak(話す)/ study(勉強する)/
play((スポーツなどを)する)

状態を表す一般動詞

have(〜を持っている，〜を食べる，
〜を飼っている)/
know(〜を知っている)/
like(〜が好きである)

確認問題

(1) 日本文に合うように，(　　)の中から必要な語句を選んで英文を作りましょう。
   あなたは夕食を作りますか。
   (dinner / cook / do / are / you)?
   ➡ _____ ?

(2) 日本文を英語になおしましょう。
   彼女は医者ではありません。
   ➡ _____

音声をききながら____をうめよう!

What is this?

これは<u>何</u>ですか。

Who is she?

彼女は<u>誰</u>ですか。

Point! 「何」とたずねるときは what,「誰」とたずねるときは who を使う。

what で始まる be動詞の疑問文

「〜は何ですか」は〈What + be動詞の疑問文〉で表す。

これは何ですか。

1 _____ is this?

― それは写真です。

2 ― It is _____ _____ .

■日本文を英語になおしましょう。

memo
What isの短縮形はWhat's。

あれは何ですか。― それはかばんです。

➡ _____ _____ that? ― _____ a bag.

└ 主語thatに対応するbe動詞

what で始まる一般動詞の疑問文

「何を〜しますか」は〈What + 一般動詞の疑問文〉で表す。

あなたは何を勉強しますか。

3 _____ do you study?

― 私は英語を勉強します。

4 ― I study _____ .

■日本文を英語になおしましょう。

あなたは何を飲みますか。 ➡ ＿＿＿＿＿ ＿＿＿＿＿ you drink?

— 私は水を飲みます。 ➡ — I drink ＿＿＿＿＿ .

あなたは何を読みますか。 ➡ ＿＿＿＿＿ ＿＿＿＿＿ you read?

— 私は本を読みます。 ➡ — I read ＿＿＿＿＿ .

> 「何」をたずねるときには，whatを使うんだ。

who で始まる be動詞の疑問文

「〜は誰ですか」は〈Who + be動詞の疑問文〉で表す。

彼女は誰ですか。

＿＿＿＿＿ is she?

— 彼女はメアリーです。

— She is Mary.

■日本文を英語になおしましょう。

彼は誰ですか。 ➡ ＿＿＿＿＿ ＿＿＿＿＿ he?

— 彼はユウタです。 ➡ — ＿＿＿＿＿ Yuta.

> whoは「誰」という意味で，人をたずねるときに使うよ。

┌─────────────────────────────────────┐
　　　　　　　　　確認問題

(1) 「あなたは何を飲みますか。」という意味になるように，（　　　）内の語句を並べかえましょう。

(drink / do / what / you)? ➡ ＿＿＿＿＿＿＿＿＿＿＿＿ ?

(2) 日本文を英語になおしましょう。
あなたは何を料理しますか。 ➡ ＿＿＿＿＿＿＿＿＿＿＿＿

(3) 相手に対して，下線部を問う疑問文を英語で書きましょう。
① I play tennis. ➡ ＿＿＿＿＿＿＿＿＿＿＿＿

② Those girls are Mika and Kaori. ➡ ＿＿＿＿＿＿＿＿＿＿
└─────────────────────────────────────┘

3 How 〜?「どう〜しますか」

音声をききながら＿＿をうめよう!

How is your mother?

あなたのお母さんはどう(お過ごし)ですか。

How do you go to Okinawa?

あなたはどうやって沖縄へ行きますか。

Point! 「どう」「どのように」とたずねるときは how を使う。

how で始まる be動詞の疑問文

「〜はどうですか」は〈How + be動詞の疑問文〉で表す。

あなたの授業はどうですか。

 ＿＿＿＿＿ is your class?

— それは楽しいです。

— It is ＿＿＿＿＿ .

■日本文を英語になおしましょう。

あなたの学校はどうですか。

➡ ＿＿＿＿＿ ＿＿＿＿＿ your school?

‥‥‥‥主語your schoolに対応するbe動詞

— とても楽しいです。

➡ — ＿＿＿＿＿ fun.

memo
It isの短縮形はIt's。

■日本文に合うように,(　　)内の語句を並べかえましょう。

新しい先生はどうですか。

(is / the new teacher / how)?

➡ ＿＿＿＿＿＿＿＿＿＿＿＿＿＿＿ ?

howを使った疑問文には
具体的に〈状態・性質〉や
〈方法・手段〉を答えるよ。

how で始まる一般動詞の疑問文

「どう〜しますか」は〈How + 一般動詞の疑問文〉で表す。

あなたはどうやって京都へ行きますか。

🔊 _____ _____ you _____ to Kyoto?

■日本文を英語になおしましょう。

あなたはどうやってその博物館へ行きますか。

➡ _____ _____ you _____ to the museum?

— 私はそこへ自転車で行きます。

➡ — I go there _____ _____ .

＼ ---- 交通手段を表すby

memo
by 〜「〜で」と交通手段を
表すとき, busやtrainなどの
乗り物にa/anはつかない。

あなたはどのようにこのパソコンを使いますか。

➡ _____ _____ you _____ this computer?

確認問題

(1) 「あなたの祖父母はどう（お過ごし）ですか。」という意味になるように, (　　　)
内の語句を並べかえましょう。

(your grandparents / are / how)?

➡ _____ ?

(2) 日本文を英語になおしましょう。
あなたの新しいかばんはどうですか。

➡ _____

(3) 下線部を, how で問う疑問文に書きかえましょう。
① The test is <u>difficult</u>.

➡ _____

② I go to Osaka <u>by car</u>.

➡ _____

音声 をききながら ___ をうめよう！

When is the party?

そのパーティーは<u>いつ</u>ですか。

When?

Where do you play baseball?

あなたは<u>どこで</u>野球をしますか。

Where?

Point! 「いつ」とたずねるときは when，「どこで」とたずねるときは where を使う。

「～はいつですか」「～はどこですか」

「～はいつですか」は 〈When ＋ be動詞の疑問文〉，

「～はどこですか」は 〈Where ＋ be動詞の疑問文〉 で表す。

あなたの誕生日はいつですか。

1️⃣ _____ is your birthday?

— 4月2日です。

2️⃣ — _____ April 2.

■日本文を英語になおしましょう。

そのバスケットボールの試合はいつですか。

➡ _____ _____ the basketball game?

　　　　　　　 └----「～ですか」とたずねるときは疑問詞のあとにbe動詞が来る

— 8月7日です。

➡ — _____ August 7.

　　　 └--- 日付を答えるときは〈It's ＋ 月 ＋ 日.〉

市役所はどこですか。

➡ _____ _____ the city hall?

「いつ〜しますか」「どこで [に] 〜しますか」

「いつ〜しますか」は 〈When + 一般動詞の疑問文〉,

「どこで[に]〜しますか」は 〈Where + 一般動詞の疑問文〉 で表す。

あなたはどこで走りますか。

③🔊 ＿＿＿＿＿＿＿＿＿ do you run?

— 公園で走ります。

④🔊 — I run ＿＿＿＿＿ ＿＿＿＿＿ ＿＿＿＿＿ .

■日本文を英語になおしましょう。

あなたはいつそのゲームをしますか。

➡ ＿＿＿＿＿＿ ＿＿＿＿＿＿ you play the game?

　　　　　　└┄「あなたは〜しますか」とたずねるときは疑問詞のあとにdoが来る

あなたはどこで英語を勉強しますか。

➡ ＿＿＿＿＿＿ ＿＿＿＿＿＿ you study English?

— 私は図書館で英語を勉強します。

➡ — I study English ＿＿＿＿＿＿＿＿＿＿＿＿ .

　　　　　　　　└┄「〜で」とある場所の中を指すときは in

（確認問題）

(1) 会話を完成させましょう。

A：その音楽祭はいつですか。 ➡ ＿＿＿＿＿＿＿＿＿＿

B：それは 4 月 10 日です。 ➡ ＿＿＿＿＿＿＿＿＿＿

(2) 下線部を問う疑問文を英語で書きましょう。

① The tennis game is June 11. ➡ ＿＿＿＿＿＿＿＿＿

② I go to the zoo. ➡ ＿＿＿＿＿＿＿＿＿

5 I want to ～「私は～したいです」

音声をききながら＿＿をうめよう！

I want fruit.
私は果物が欲しいです。

I want to ski.
私はスキーがしたいです。

Point! 「～が欲しい」「～がしたい」と言うときは want を使う。

「私は～が欲しいです」の文

「私は～が欲しいです」は〈I want ＋ 名詞.〉で表す。

私はクッキーが欲しいです。

 I ＿＿＿＿＿ cookies.

■日本文を英語になおしましょう。

私はピザが欲しいです。

➡ I ＿＿＿＿＿ pizza.

「～が欲しいです」と言うときはwantのあとに名詞が来る

「私は～したいです」「私は～したくありません」の文

「私は～したいです」は〈I want to ＋ 動詞 ～.〉、「私は～をしたくありません」は〈I do not[don't] ＋ want to ＋ 動詞 ～.〉で表す。

私はクッキーを食べたいです。

 I ＿＿＿＿＿ ＿＿＿＿＿ ＿＿＿＿＿ cookies.

私は英語を勉強したくないです。

 I ＿＿＿＿＿ ＿＿＿＿＿ ＿＿＿＿＿ study English.

■日本文を英語になおしましょう。

私はイヌを飼いたいです。

➡ I ＿＿＿＿＿＿ ＿＿＿＿＿＿ ＿＿＿＿＿＿ a dog.

memo
否定文のときは, don't[do not]
をwantの前に置く。

私は車を運転したくありません。

➡ I ＿＿＿＿＿＿ ＿＿＿＿＿＿ ＿＿＿＿＿＿ drive a car.

「あなたは～したいですか」の文

「あなたは～したいですか」は, 〈Do + you + want to + 動詞 ～?〉で表す。

あなたはテレビを見たいですか。

＿＿＿＿＿＿ you ＿＿＿＿＿＿ ＿＿＿＿＿＿ watch TV?

■日本文を英語になおしましょう。

あなたは本を読みたいですか。

➡ ＿＿＿＿＿＿ you ＿＿＿＿＿＿ ＿＿＿＿＿＿ read a book?

確認問題

(1) 日本文に合うように, (　　)内の語句を並べかえましょう。

①私は牛乳を飲みたくありません。

(don't / to / want / milk / I / drink).

➡ ＿＿＿＿＿＿＿＿＿＿＿＿＿＿＿＿＿＿＿＿ .

②あなたは家に帰りたいですか。

(home / you / do / want / go / to)?

➡ ＿＿＿＿＿＿＿＿＿＿＿＿＿＿＿＿＿＿＿＿ ?

(2) 日本文を英語になおしましょう。

①私は走りたいです。➡ ＿＿＿＿＿＿＿＿＿＿＿＿＿＿

②あなたは泳ぎたいですか。➡ ＿＿＿＿＿＿＿＿＿＿＿＿

6 How many 〜? 「どれくらい／いくつ〜ですか」

音声をききながら＿＿をうめよう!

How many rackets do you have?
あなたは<u>何本</u>のラケットを持っていますか。

Point! 「どれくらい〜」と程度をたずねるときは〈how ＋ 形容詞・副詞〉を使う。

how old の文

「〜は何歳(なんさい)ですか」は〈How old ＋ 疑問文〉で表す。

あなたは何歳ですか。

 ＿＿＿＿＿＿ ＿＿＿＿＿＿ are you?

― 私は 12 歳です。

 —— I'm ＿＿＿＿＿＿ ＿＿＿＿＿＿ ＿＿＿＿＿＿ .

memo

how を使った疑問文

●年齢(ねんれい)や古さ

〈How old ＋ 疑問文〉:「〜は何歳ですか」など

●長さや期間

〈How long ＋ 疑問文〉:「〜はどれくらい長いですか」など

●距離(きょり)

〈How far ＋ 疑問文〉:「〜はどれくらいの距離ですか」

●高さ

〈How tall ＋ 疑問文〉:「〜はどれくらい(背が)高いですか」

■日本文を英語になおしましょう。

トムは何歳ですか。 — 彼(かれ)は 12 歳です。

➡ _____ _____ _____ _____ Tom? — _____ _____ twelve years old.

┈┈ be動詞はisを使う

この川はどれくらい長いですか。

➡ _____ _____ _____ _____ this river?

名古屋(なごや)はここからどれくらいの距離ですか。

➡ _____ _____ _____ _____ Nagoya from here?

〈How old＋疑問文〉
で建物の古さを
聞くこともできるよ。

how many の文

「いくつ～ですか」は〈How many ＋ 名詞の複数形 ＋ 疑問文〉で表す。

あなたは何冊の本を持っていますか。

3)) _____ _____ books do you have?

— 私は 5 冊の本を持っています。

4)) — I have _____ _____ .

■日本文を英語になおしましょう。

あなたは T シャツを何枚欲(ほ)しいですか。

➡ _____ _____ T-shirts do you want?

┌─────────────────────────────┐
　　　　　　　　　確認問題

(1) 「あなたは何匹(なんびき)のウサギを飼っていますか。」という意味になるように，（　　）
　　内の語句を並べかえましょう。

　　(rabbits / many / you / have / do / how)?

　　➡ _____ ?

(2) 日本文を英語になおしましょう。
　　この店はどのくらい古いですか。 ➡ _____
└─────────────────────────────┘

1 名詞の単数形・複数形

音声をききながら＿＿をうめよう！

1本の花
a flower

4本の花
four flowers

1つのリンゴ
an apple

5つのリンゴ
five apples

Point! 名詞には数えられるものと数えられないものがある。

数えられる名詞は，単数と複数で形が異なる。

───1つ　───2つ以上

数えられない名詞

決まった形のないもの，目に見えないもの，人名，地名，国名などは「数えられない名詞」。

水

① ＿＿＿＿＿＿＿＿

数学

② ＿＿＿＿＿＿＿＿

■日本語を英語になおしましょう。

英語 ➡ ＿＿＿＿＿＿＿＿　　　　お金 ➡ ＿＿＿＿＿＿＿＿

「数えられない名詞」は，複数形にならないんだ！

数えられる名詞① 単数

単数形の「数えられる名詞」の前には a を，母音の発音で始まるものは an を置く。

（1冊の）本

③ ＿＿＿＿＿＿ book

（1個の）リンゴ

④ ＿＿＿＿＿＿ apple

■ ＿＿＿ に a か an を書きましょう。

hat（帽子）

➡ ＿＿＿＿ hat

orange（オレンジ）

➡ ＿＿＿＿ orange

数えられる名詞② 複数（規則変化）

名詞を複数形にする場合，基本的には次のように変化する。

● 多くの名詞

→語尾に s をつける

5))) book（本）　→ _____

● 語尾が o, x, s, ch, sh

→語尾に es をつける

6))) bus（バス）　→ _____

● 語尾が〈子音字 + y〉

→ y を i にして es をつける

7))) country（国）→ _____

● 語尾が f, fe

→ f, fe を v にして es をつける

8))) leaf（葉）　→ _____

※子音字とは，母音字(a, i, u, e, o)以外の文字のこと

数えられる名詞③ 複数（不規則変化）

名詞の複数形には不規則に変化するものもある。

9))) woman（女性）→ _____　　10))) child（子ども）→ _____

■複数形を書きましょう。

umbrella（かさ）➡ _____　　box（箱）➡ _____

tooth（歯）➡ _____　　fish（魚）➡ _____

> 魚は単数形も
> 複数形も同じだよ。

（確認問題）

(1)　次の中から数えられない名詞を４つ選びましょう。
　　bike, English, hat, Japan, milk, tomato, pencil, Yumi
　　➡ _____

(2)　日本文を英語になおしましょう。
　　私は水が必要です。➡ _____

Clean your room.
自分の部屋を掃除しなさい。

Please come here.
ここに来てください。

Point! 命令文は主語を省略して，動詞で文を始める。

ていねいな表現にしたいときは文頭か文末に please をつける。

「～しなさい」

「～しなさい」という一般動詞の命令文は，主語を省略し，動詞で文を始める。

このペンを使いなさい。

＿＿＿＿＿＿ this pen.

■日本文を英語になおしましょう。

あなたのカップを洗いなさい。

> 命令文では，主語は省略するんだ。

➡ ＿＿＿＿＿＿ your cup.

「～でありなさい」

形容詞や名詞を後ろに置く be動詞の命令文は，Be で文を始める。

静かにしなさい。

＿＿＿＿＿＿ quiet.

■日本文を英語になおしましょう。

よい子でいなさい。

➡ ＿＿＿＿＿＿ a good child.

memo
形容詞とは
quiet「静かな」やkind「親切な」など，名詞の状態や性質などを説明する言葉。

「～してください」

「～してください」というていねいな命令文は文の前か後ろに please を加え，
〈Please + 動詞 ～.〉 または 〈動詞 ～, please.〉 と表す。

私を助けてください。

🔊3 _____ help me.

🔊4 Help me _____ _____ .

■日本文を英語になおしましょう。

朝食を食べてください。

➡ _____ eat breakfast.

➡ Eat breakfast ___ _____ .

pleaseを後ろにつけるときはpleaseの前にコンマが必要

> pleaseを文末に置くときは，前にコンマを忘れないでね。

正直でいてください。

➡ _____ be honest.

➡ Be honest ___ _____ .

確認問題

(1) （　　）内の指示にしたがって，英文を書きかえましょう。

① You speak English. （「～しなさい」という文にする）

➡ _____

② You are a good girl. （「～でありなさい」という文にする）

➡ _____

(2) 日本文を英語になおしましょう。

①このカップを使いなさい。 ➡ _____

②子どもたちに優しくしてください。

➡ _____

2 What time 〜? 「何時に〜しますか」

音声をききながら___をうめよう!

What time is it?
何時ですか。

What time do you go to school?
あなたは何時に学校へ行きますか。

Point! 「何時」とたずねるときは what time を使う。

「何時ですか」とたずねる文

「何時ですか」とたずねるときは，〈What time is it?〉と質問する。

その質問に答えるときは，〈It is [It's] 〜.〉を使って具体的な時刻を答える。

何時ですか。

1) ＿＿＿＿＿ ＿＿＿＿＿ is it?

— 9時です。

2) — It's ＿＿＿＿＿ (o'clock).

■日本文を英語になおしましょう。

今，何時ですか。➡ ＿＿＿ ＿＿＿ ＿＿＿ ＿＿＿ now?

— 8時30分です。➡ — It's ＿＿＿ ＿＿＿ ＿＿＿ .

> What time is it?は
> カタマリで覚えよう。

■時刻を英語で答えましょう。

7時15分です。➡ It's ＿＿＿＿＿＿＿＿＿ .

3時ちょうどです。➡ It's ＿＿＿＿ (＿＿＿＿＿) .

「ちょうど〜時」を表す語

5時40分です。➡ It's ＿＿＿ ＿＿＿ .

memo
時刻を答えるときは，「時」「分」の順に言う。

「何時に〜しますか」とたずねる文

「何時に〜しますか」とたずねるときは,〈What time + 一般動詞の疑問文〉という形で質問する。その質問に答えるときは,〈主語 + 一般動詞 〜.〉で具体的な時刻を答える。

あなたは何時に夕食を食べますか。

🔊③ ＿＿＿＿＿＿ ＿＿＿＿＿＿ do you eat dinner?

— 私は6時に夕食を食べます。

🔊④ — I eat dinner ＿＿＿＿＿＿ ＿＿＿＿＿＿ .

■日本文を英語になおしましょう。

あなたは何時に英語を勉強しますか。

➡ ＿＿＿＿＿＿＿＿＿＿＿＿＿＿＿＿ study English?
　　　　　　└---「あなたは〜しますか」という意味の疑問文が続く

— 私は8時に英語を勉強します。

➡ — I study English ＿＿＿＿＿＿＿ ＿＿＿＿＿＿＿ .
　　　　　　└---「〜時に」と答えるときは時刻の前にatを入れる

> At six. などと時刻だけを答えることもできるよ。

確認問題

(1) 「あなたは何時に起きますか。」という意味になるように,（　　　）内の語句を並べかえましょう。

(what / you / get up / do / time)?

➡ ＿＿＿＿＿＿＿＿＿＿＿＿＿＿＿＿＿＿＿ ?

(2) 会話を完成させましょう。

A：あなたは何時にテニスをしますか。

　➡ ＿＿＿＿＿＿＿＿＿＿＿＿＿＿＿＿

B：私は10時にテニスをします。

　➡ ＿＿＿＿＿＿＿＿＿＿＿＿＿＿＿＿

3 What + 名詞「何の…が〜ですか」

音声 をききながら ___ をうめよう！

What sport **do you play?**

あなたは<u>何の</u>スポーツをしますか。

What song **is this?**

これは<u>何という</u>歌ですか。

Point! 「何の[どのような]…が〜ですか / しますか」は

〈What + 名詞 + 疑問文〉の語順。

〈What + 名詞 + 一般動詞の疑問文〉

「主語は，何の…が〜ですか / しますか」は〈What + 名詞 + 一般動詞の疑問文〉。

その質問に答えるときは，〈主語 + 一般動詞 〜.〉を使って具体的に答える。

あなたは何色が好きですか。

 _____ _____ do you like?

— 私は青色が好きです。

 —— I like _____.

■日本文を英語になおしましょう。

あなたは何の食べ物が欲しいですか。

➡ _____ _____ do you want?

〈What + 名詞〉で「何の〜」という意味になるんだ。

— 私はトーストとスープが欲しいです。

➡ —— _____ _____ toast and soup.

┄┄ youでたずねられたらIで答える

〈What + 名詞 + be動詞の疑問文〉

「主語は，何の[どのような]〜ですか」は〈What + 名詞 + be動詞の疑問文〉の語順。

その質問に答えるときは，〈主語 + be動詞 〜.〉を使って具体的に答える。

これは，何という食べ物ですか。

③　_____　_____　is this?

― それはメロンです。

④　― It's a _____.

今日は何曜日ですか。

⑤　_____　_____　is it today?

― 水曜日です。

⑥　― It's _____.

■日本文を英語になおしましょう。

これは何の本ですか。　― それはマンガ本です。

➡ _____ _____ is this?　― It's _____ _____ _____.

今日は何曜日ですか。

➡ _____ _____ _____ _____ today?

― 火曜日です。

➡ ― It's _____.

> What day is it?
> （何曜日ですか。）
> という表現は，
> まるごと覚えてしまおう！

確認問題

(1) 「あなたは何の本を買いますか。」という意味になるように，（　　　）内の語句を並べかえましょう。

（ book / what / you / buy / do ）?　➡ _____?

(2) 会話を完成させましょう。

A：あなたは何のスポーツが好きですか。

➡ _____

B：私は野球とサッカーが好きです。

➡ _____

4 疑問詞のまとめ

音声をききながら___をうめよう！

What is your name?
あなたの名前は<u>何</u>ですか。

How do you study?
<u>どうやって</u>あなたは勉強しますか。

Point! 疑問詞とは「何」「誰(だれ)」など具体的にたずねるときの言葉で，文頭に置いて使う。

疑問詞を使った疑問文

what, who などの疑問詞を使った疑問文は，〈疑問詞 + 疑問文〉の語順。

これは何ですか。

1🔊 ＿＿＿＿＿＿ is this?

彼(かれ)は誰ですか。

2🔊 ＿＿＿＿＿＿ is he?

> 1問目と2問目の空らんには疑問詞とbe動詞の短縮形が入るよ。

memo
いろいろな疑問詞
what「何」
who「誰」
when「いつ」
where「どこ」
how「どう，どのように」

■日本文を英語になおしましょう。

納豆(なっとう)とは何ですか。

➡ ＿＿＿＿＿＿＿ natto?

あの男の子は誰ですか。

➡ ＿＿＿＿＿＿＿ that boy?

あなたはどうやって学校に来ますか。 ― バスで来ます。

➡ ＿＿＿＿＿＿＿ do you come to school?　― ＿＿＿＿＿＿ bus.

あなたの野球の試合はいつですか。 ― 7月2日です。

➡ ＿＿＿＿＿ is your baseball game?　― It's ＿＿＿＿＿＿ ＿＿＿＿＿＿.

あなたはどこでおどりますか。 ― 私は公園でおどります。

➡ ＿＿＿＿＿ do you dance?　― I dance ＿＿＿＿＿ ＿＿＿＿＿ ＿＿＿＿＿.

〈how ＋ 形容詞・副詞〉の疑問文

〈How ＋ 形容詞・副詞 ＋ 疑問文〉で形容詞の程度（古さ，時間，距離(きょり)，高さ，量など）をたずねることができる。

彼は何歳(さい)ですか。

_____ _____ is he?

■日本文を英語になおしましょう。

あなたのお兄さん［弟］の身長はどれくらいですか。

➡ _____ is your brother?

あの赤いかばんはいくらですか。

➡ _____ is that red bag?

あなたは毎日どれくらいの距離を走りますか。

➡ _____ do you run every day?

> **memo**
> 〈How ＋ 形容詞・副詞〉
> 年齢や建物の古さ➡ How old
> 時間や距離➡ How long
> 距離➡ How far
> 高さ➡ How tall
> 量➡ How much
> 数➡ How many

(確認問題)

(1) _____ に入る語句を ┊┄┄┄┊ から選びましょう。

① 駅まではどれくらい遠いですか。

➡ _____ is the station?

② 利根川(とねがわ)はどれくらいの長さですか。

➡ _____ is the Tonegawa?

③ あなたは何匹(なんびき)のイヌを飼っていますか。

➡ _____ dogs do you have?

> How long
> How far
> How tall
> How much
> How many

(2) 下線部を問う疑問文を英語で書きましょう。

① That boy is <u>Tsubasa</u>. ➡ _____

② The park is <u>near my school</u>. ➡ _____

1 前置詞

Apples are in this box.

リンゴはこの箱の中にあります。

特選リンゴ

I do my homework after school.

私は放課後に宿題をします。

登校　　　　　　　下校

学校の授業

Point! 前置詞とは，名詞［代名詞］の前に置いて，

場所や時などを表す語句を作る言葉。

〈場所〉を表す前置詞

私の本はこのかばんの中にあります。

My book is ＿＿＿＿＿ this bag.

〈「場所」を表す前置詞が作るイメージ〉

at	on	in	near	from	to
～で［に］	～（の上）に	～（の中）に	～の近くに	～から	～へ

〈時〉を表す前置詞

私は日曜日に料理をします。

I cook ＿＿＿＿＿ Sunday.

〈「時」を表す前置詞が作るイメージ〉

at	before	after	for	in	on
（時刻）に	～の前に	～のあとに	～の間	（年・月・季節）に	（曜日・日付）に

at ある一点

7:00　8:00　9:00　10:00　11:00　12:00

before ある時点よりも前　after ある時点よりもあと

	1	January		on ある一地点	
28	29	30	31	1	2
4	for ある期間・時間				9	(10)
11	12	13	14	15	16	17
18	19	20	21	22	23	24
in 決められた期間・時間の中で					31

そのほかの前置詞

彼らは電車で来ます。

They come _____ train.

■日本文を英語になおしましょう。

彼はサッカー部のメンバーです。

➡ He is a member _____ the soccer club.

私はあなたと野球をしたいです。

➡ I want to play baseball _____ you.

私は福岡出身です。

➡ I am _____ Fukuoka.

⌐---「～の出身」という意味の語

memo

さまざまな前置詞
about 「～について」
for 「～のために, ～として」
of 「～の」
by 「～によって」
like 「～のような」
with 「～といっしょに」

〈be動詞＋from〉は
「～出身だ」という意味の
決まった言い方だよ。

確認問題

(1) _____ に入る語句を [___] から選んで書き，英文を完成させましょう。

① 私たちは放課後にバスケットボールをします。

➡ We play basketball _____ school.

② あなたは冬にスキーをしたいですか。

➡ Do you want to ski _____ winter?

③ 私たちは飛行機で北海道へ行きます。

➡ We go _____ Hokkaido _____ plane.

> in
> on
> by
> for
> after
> to

(2) 「彼らは野球についての本を読みます。」という意味になるように，（　）内の語句を並べかえましょう。

(baseball / read / they / about / books).

➡ _____ .

(3) 日本文を英語になおしましょう。
私は電車で学校に行きます。➡ _____

音声
をききながら
___をうめよう!

I like [playing / to play] with snow.

私は雪で<u>遊ぶこと</u>が好きです。

I don't like [playing / to play] with snow.

私は雪で<u>遊ぶこと</u>が好き<u>ではありません</u>。

Point! 「〜をすることが好きです」は〈like + to 〜〉または〈like + 〜ing〉で表す。

‥‥‥ 動詞のing形

肯定文「〜することが好きです」

「〜をすることが好きです」は,〈like + to 〜〉または〈like + 〜ing〉で表すことができる。

あなたはサッカーをすることが好きです。

① ＿＿＿＿＿ ＿＿＿＿＿ ＿＿＿＿＿＿＿ soccer.

■日本文を英語になおしましょう。

私は本を読むことが好きです。

➡ I ＿＿＿＿＿ ＿＿＿＿＿ ＿＿＿＿＿ books.

‥‥‥ readingと同じ意味を表す2語

memo
「〜することが好きです」
like 〜ing
　=like to 〜

否定文「〜することが好きではありません」

否定文では,〈主語 + do not[don't] + like 〜ing … .〉の語順で表す。

あなたはサッカーをすることが好きではありません。

② ＿＿＿＿ ＿＿＿＿ ＿＿＿＿＿ ＿＿＿＿＿ soccer.

■日本文を英語になおしましょう。

あなたは部屋を掃除することが好きではありません。

一般動詞likeの否定文だから,
do not[don't]を使うんだ。

➡ You ＿＿＿＿＿＿＿＿＿＿＿＿＿ your room.

疑問文「〜することが好きですか」

疑問文では，〈Do ＋ 主語 ＋ like 〜ing ...?〉の語順で表す。答えるときは，

〈Yes, I do.〉または〈No, I do not[don't].〉と答える。

あなたはサッカーをすることが好きですか。

🔊③ _____ _____ _____ _____ soccer?

— はい，好きです。 / いいえ，好きではありません。

🔊④ — Yes, I _____ . / No, I _____ .

■日本文を英語になおしましょう。

あなたは海外に旅行することが好きですか。

➡ _____ abroad?

— はい，好きです。

➡ — Yes, _____ _____ .

> wantは〈to ＋ 動詞〉だけだったけど，
> likeには〈to ＋ 動詞〉と〈〜ing〉の
> 両方が使えるんだ！

あなたは英語を話すことが好きですか。

➡ _____ English?

— いいえ，好きではありません。

➡ — No, _____ _____ .

確認問題

(1) 同じ意味の英文になるように，_____ に適する語句を書きましょう。

　① I like eating chocolate. ➡ I like _____ chocolate.

　② Do you like playing basketball?
　　➡ Do you like _____ basketball?

(2) 日本語を英文になおしましょう。
　私は歌うことが好きではありません。

　➡ _____

2 be good at 〜ing 「〜することが得意です」

音声
をききながら
＿＿をうめよう！

I'm good at skiing.

私はスキーをすることが
得意です。

I'm not good at speaking Chinese.

私は中国語を話すことが得意ではありません。

你好！

很高兴认识你

> Point! 「〜することが得意です」は〈be動詞 + good at 〜ing〉で表す。
> ┗‑‑‑‑ 動詞のing形

肯定文「〜することが得意です」

「〜することが得意です」は〈be動詞 + good at 〜ing〉で表す。

あなたはバスケットボールをすることが得意です。

 You ＿＿＿＿ ＿＿＿＿ ＿＿＿＿＿ ＿＿＿＿＿＿＿ basketball.

■日本文を英語になおしましょう。

私は料理をすることが得意です。

➡ I ＿＿＿＿＿＿＿＿＿＿＿＿＿＿＿＿＿＿ .

> **memo**
> **主語とbe動詞の関係**
> I → am
> you / we / they → are
> he / she / it → is

否定文「〜することが得意ではありません」

否定文では，〈主語 + be動詞 + not + good at 〜ing ... .〉の語順で表す。

あなたはバスケットボールをすることが得意ではありません。

 ＿＿＿＿ ＿＿＿ ＿＿＿ ＿＿＿ ＿＿＿ ＿＿＿ basketball.

■日本文を英語になおしましょう。

彼らはギターを弾くことが得意ではありません。

➡ They ＿＿＿＿＿＿＿＿ ＿＿＿＿＿＿ ＿＿＿＿＿ ＿＿＿＿＿ the guitar.
┗‑‑‑‑ are not の短縮形

否定文ではbe動詞に
notをつけるんだ。

疑問文 「〜することが得意ですか」

疑問文では，〈be動詞 + 主語 + good at 〜ing ...?〉の語順で表す。答えるときは，
〈Yes, 主語 + be動詞.〉または〈No, 主語 + be動詞 + not.〉と答える。

あなたはバスケットボールをすることが得意ですか。

3） ＿＿＿＿＿ you ＿＿＿＿＿ ＿＿＿＿＿ ＿＿＿＿＿ basketball?

― はい，得意です。 / いいえ，得意ではありません。

4） ― Yes, I ＿＿＿＿＿ . / No, ＿＿＿＿＿ ＿＿＿＿＿ .

■日本文を英語になおしましょう。

> 疑問文では，
> be動詞を
> 文頭に置くよ。

あなたは日本語を書くことが得意ですか。

➡ ＿＿＿＿＿ you ＿＿＿＿＿ ＿＿＿＿＿ ＿＿＿＿＿ Japanese?
└┈┈ youに対応するbe動詞

スミス先生は歌うことが得意ですか。

➡ ＿＿＿＿＿ Mr. Smith ＿＿＿＿＿ ＿＿＿＿＿ ?
└┈┈ Mr. Smith(三人称単数)に対応するbe動詞

確認問題

(1) 「あなたは英語を話すことが得意ですか。」という意味になるように，（　　　）
内の語句を並べかえましょう。

(English / you / good at / are / speaking)?

➡ ＿＿＿＿＿＿＿＿＿＿＿＿＿＿＿＿＿＿＿＿＿＿＿＿ ?

(2) 日本文を英語になおしましょう。

①私はコンピューターを使うことが得意です。

➡ ＿＿＿＿＿＿＿＿＿＿＿＿＿＿＿＿＿＿＿＿＿

②あなたはピアノを弾くことが得意ですか。

➡ ＿＿＿＿＿＿＿＿＿＿＿＿＿＿＿＿＿＿＿＿＿

1 三人称単数現在形 s のつけ方

音声 をききながら ___ をうめよう!

I play the guitar.

私はギターを弾きます。

He plays the guitar.

彼はギターを弾きます。

Point! 動詞の形は主語によって変化する。

人称とは

人称とは,「話し手(自分)」「聞き手(相手)」「それ以外」の役割を示すもの。

一人称	二人称	三人称

話し手(自分)	聞き手(相手)	話し手(自分),聞き手(相手)以外
I(私)	you(あなた)	左記(一人称,二人称)以外
we(私たち)	you(あなたたち)	

三人称単数とは

自分と相手以外の「1つのもの・人」が三人称単数だ!

三人称単数とは,I と you 以外の 1 人の人・1 つのものをいう。

〈例〉

he	she	it	Tom	my cat	this pen
彼	彼女	それ	トム	私のネコ	このペン

■三人称単数の名詞を選び,( )に○を書きましょう。

( )a desk　　( )his sister　　( )the dog　　( )those books

( )they　　( )Kenta　　( )we　　( )your mother

三人称単数現在形の動詞① 基本の変化形

主語が he，she などの三人称単数の文では，一般動詞の語尾に s をつける。

彼はバスケットボールをします。

 He ＿＿＿＿ basketball.

三人称単数現在形の動詞② それ以外の変化

watch，study，have などの一般動詞には，いくつかの変化のパターンがある。

彼女は理科を勉強します。

 She ＿＿＿＿＿ science.

〈三人称単数現在形の s / es のつけ方〉

	動詞の原形(もとの形)	-(e)s の形
そのまま s をつける	play （（スポーツなど）をする，遊ぶ）	plays
語尾に es をつける	watch （～を見る），go（行く）	watches, goes
y を i にして es をつける	study （～を勉強する）	studies
不規則に変化する	have （～を持っている，～を食べる，～を飼っている）	has

確認問題

(1) 次の一般動詞を三人称単数が主語のときの形に書きかえましょう。
① make ➡ ＿＿＿＿＿　② do ➡ ＿＿＿＿＿　③ study ➡ ＿＿＿＿＿
④ touch ➡ ＿＿＿＿＿　⑤ try ➡ ＿＿＿＿＿　⑥ have ➡ ＿＿＿＿＿

(2) 三人称単数現在の文を選び，（　　）に○を書きましょう。
①（　　）George likes baseball. ②（　　）Satoru and Aya play tennis.
③（　　）We study English.　④（　　）My family goes to America.

(3) 正しいほうに○をつけましょう。
① You (run / runs) fast.　② They (know / knows) the news.
③ Your mother (make / makes) dinner.　④ That singer (sing / sings) a new song.
⑤ She (come / comes) from America.　⑥ The party (start / starts) at seven.

2 He / She does not 〜. 「彼 / 彼女は〜しません」

He lives in Tokyo. 彼は東京に住んでいます。

She does not live in Tokyo. 彼女は東京に住んでいません。

Point!　一般動詞の文で，主語が三人称単数の場合は動詞の形が変化する。

三人称単数現在形の肯定文

　一般動詞の文で，主語が he や she などの三人称単数のときは動詞に s をつける。

　一部の動詞では，語尾に es をつける，語尾の y を i にして es をつける，

不規則に変化するなど，変化の仕方にいくつかのパターンがある。

彼はバスケットボールをします。

 He ＿＿＿＿＿＿ basketball.

〈一般動詞の変化〉

	動詞の原形（もとの形）	-(e)s の形
そのまま s をつける	play（（スポーツなど）をする，遊ぶ）	plays
語尾に es をつける	watch（〜を見る），go（行く）	watches, goes
y を i にして es をつける	study（〜を勉強する）	studies
不規則に変化する	have（〜を持っている，〜を食べる，〜を飼っている）	has

■日本文を英語になおしましょう。

あの男性は英語を話します。

➡ That man ＿＿＿＿＿＿ English.

私の父は皿を洗います。

➡ My father ＿＿＿＿＿＿ the dishes.

サトシは数学を勉強します。

➡ Satoshi ＿＿＿＿＿＿ math.

> 主語が「三人称単数」のときは動詞にsやesをつけることを忘れないでね！

三人称単数現在形の否定文

否定文では，動詞の前に does not[doesn't] を置き，動詞は原形に戻す。

彼女は音楽を教えていません。

She ＿＿＿＿＿＿ ＿＿＿＿＿＿ teach music.

■日本文を英語になおしましょう。

私のいとこはネコを飼っていません。

> 否定文では，動詞は必ず原形を使うよ。

➡ My cousin ＿＿＿＿＿ ＿＿＿＿＿ ＿＿＿＿＿ a cat.

彼はテレビを見ません。

➡ He ＿＿＿＿＿＿＿ ＿＿＿＿＿＿＿ TV.

＿＿does not の短縮形

私の妹はピアノを弾きません。

memo
does not ＝ doesn't

➡ My sister ＿＿＿＿＿＿ ＿＿＿＿ the piano.

確認問題

(1) 「このネコは魚を食べません。」という意味になるように，（　　）内の語句を並べかえましょう。

(does / this cat / not / fish / eat).

➡ ＿＿＿＿＿＿＿＿＿＿＿＿＿＿＿＿＿＿＿＿＿ .

(2) （　　）内の指示にしたがって，英文を書きかえましょう。

①I have two dogs.（下線部を「彼は」に変える）

➡ ＿＿＿＿＿＿＿＿＿＿＿＿＿＿＿＿＿＿

②They make breakfast.（下線部を「私の弟は」に変える）

➡ ＿＿＿＿＿＿＿＿＿＿＿＿＿＿＿＿＿＿

(3) 日本文を英語になおしましょう。
彼女は野球が好きではありません。

➡ ＿＿＿＿＿＿＿＿＿＿＿＿＿＿＿＿＿＿

音声 をききながら をうめよう!

He plays baseball.
彼は野球をします。

Does he play baseball?
彼は野球をしますか。

Point! 主語が三人称単数の疑問文では，〈Does + 主語〉で文を始め，動詞は原形にする。

三人称単数現在形の疑問文

主語が三人称単数の一般動詞の疑問文は，〈Does + 主語 + 動詞 〜?〉の語順。疑問文では，動詞は原形にする。

彼は映画を見ますか。

 _____ he _____ movies?

■日本文を英語になおしましょう。

彼は私の兄を知っていますか。

➡ _____ he _____ my brother?

（疑問文では動詞は原形）

あなたのお母さんは日本語を勉強していますか。

➡ _____ your mother _____ Japanese?

memo
三人称単数現在形の疑問文では，
文頭にDoesを置き，動詞を原形にする。

He watches movies.
↓
Does he watch movies?

have[has] a coldで
「風邪をひいている」だよ。

■疑問文に書きかえましょう

Ms. Sasaki has a cold.

➡ _____

疑問文の最後は「?」

三人称単数現在形の疑問文への答え方

〈Does + 主語 + 動詞 ～?〉「…は～しますか」に答えるときも does を使う。

彼は映画を見ますか。

Does he watch movies?

— はい，（彼は）見ます。 / いいえ，（彼は）見ません。

— Yes, he _____ . / No, he _____ .

■日本文を英語になおしましょう。

あなたの弟は泳ぎますか。 ➡ _____ your brother _____?

— はい，（彼は）泳ぎます。 ➡ — _____ , he _____ .

彼女は皿を洗いますか。 ➡ _____ she _____ the dishes?

— いいえ，（彼女は）洗いません。 ➡ — _____ , she _____ .

彼は絵をかきますか。 ➡ _____ he _____ pictures?

— はい，（彼は）かきます。 ➡ — _____ , he _____ .

確認問題

(1) （　　　）内の指示にしたがって，英文を書きかえましょう。

① Aki has a sister.（疑問文に）

➡ _____

② Do you read comics?（下線部を「あなたのお姉さん」に変える）

➡ _____

(2) 日本文を英語になおしましょう。

①彼は音楽が好きですか。➡ _____

②あなたの妹は牛乳を飲みますか。➡ _____

45

1 人称代名詞の所有格

This is my bike.
これは私の自転車です。

This is your bike.
これはあなたの自転車です。

This is his bike.
これは彼の自転車です。

Point! 「～の」と所有（持ち主）を表す語を所有格という。

人称代名詞の所有格の文① 肯定文

持ち主を表す代名詞（＝所有格）は，名詞の前に置き，「～の」という意味を表す。

これは彼女のペンです。

 This is _____ pen.

〈人称代名詞の所有格〉

私	あなた	彼	彼女	それ	私たち	あなたたち	彼ら，彼女ら，それら
my	your	his	her	its	our	your	their

■日本文を英語になおしましょう。

これは私の本です。 ➡ This is _____ book.

あれは私たちの家です。 ➡ That is _____ house.

これは彼のカメラです。 ➡ This is _____ camera.

人称代名詞の所有格の文② 否定文

人称代名詞は，否定文でも肯定文と形は変わらない。

これは彼女のペンではありません。

 This is not _____ pen.

■日本文を英語になおしましょう。

これはあなたの辞書ではありません。

➡ This is not _____ dictionary.

人称代名詞の所有格の文③　疑問文

人称代名詞は，疑問文でも肯定文と形は変わらない。

これは彼女のペンですか。

Is this _____ pen?

■日本文を英語になおしましょう。

あの男性はあなたたちの先生ですか。

➡ Is that man _____ teacher?

これは彼らのネコですか。

➡ Is this _____ cat?

「あなたの」「あなたたちの」
はどちらもyourだよ。

確認問題

(1)　下線部を正しい形の代名詞になおしましょう。

① That boy is <u>he</u> brother. ➡ _____

② These are <u>they</u> desks. ➡ _____

③ Those are <u>we</u> T-shirts. ➡ _____

(2)　日本文を英語になおしましょう。

①これは私の昼食です。 ➡ _____

②あれはあなたのイヌですか。 ➡ _____

③あなたは彼女の妹ですか。 ➡ _____

47

2 人称代名詞の目的格

音声をききながら＿をうめよう！

I know him.
私は<u>彼</u>を知っています。

知っています！

I know them.
私は<u>彼ら</u>を知っています。

知っています！

I know it.
私は<u>それ</u>を知っています。

知っています！

Point! 「～を，～に」と動詞の目的語になる語を目的格という。

人称代名詞の目的格の文

動詞の目的語となる代名詞（＝目的格）は，動詞や前置詞の後ろに置き，

「～を［に］」という意味を表す。

私は彼女を助けます。

 I help _____ .

〈人称代名詞の目的格〉

私	あなた	彼	彼女	それ	私たち	あなたたち	彼ら，彼女ら，それら
me	you	him	her	it	us	you	them

■日本文を英語になおしましょう。

私たちは彼が好きです。

➡ We like _____ .

＿＿＿動詞の目的語だから目的格

memo
you「あなた」，you「あなたたち」，it「それ」は，主格（主語になる形）と目的格の形が同じなので注意。

マイは私たちと勉強します。

➡ Mai studies with _____ .

■空らんに適する代名詞を入れて，文を完成させましょう。

➡ Ken and Maria are my classmates. Do you know _____ ?

代名詞以外の目的格

代名詞以外の場合の目的格（普通名詞 pen や固有名詞 Emi など）は，主格と同じ形を用いる。

私はエミが好きです。

🔊 I like _____ .

■日本文を英語になおしましょう。

私はケン（Ken）のために本を読みます。

➡ I read books for _____ .

あなたはイチゴが好きですか。

➡ Do you like _____ ?

（確認問題）

(1) _____ に適する代名詞を書きましょう。

① Those boys are Tom and Ben. I like _____ .

② That girl is my sister. Do you want to dance with _____ ?

③ I like playing soccer. I practice _____ every day.

(2) 下線部を代名詞に書きかえましょう。
① Let's eat dinner with Yuri and me.
➡ _____

② Do you like this hat? ➡ _____

(3) 日本文を英語になおしましょう。
①私はあなたたちに会いたいです。 ➡ _____

②あなたは彼女たちを手伝いますか。 ➡ _____

3 Which ～?「どちらが～ですか」

音声をききながら　　をうめよう！

Which **train goes to Kyoto?**
どの電車が京都に行きますか。

Point! 疑問詞 which は「どの」「どちらの」とたずねるときに使う。

〈Which＋名詞＋be動詞の疑問文〉

「どの［どちらの］…が～ですか」は，〈Which＋名詞＋be動詞の疑問文〉の語順。

どの家があなたのものですか。
① ＿＿＿＿＿ ＿＿＿＿＿ is yours?

— あの白い家です。
② — ＿＿＿＿＿ ＿＿＿＿＿ ＿＿＿＿＿ is.

■日本文を英語になおしましょう。

どのかばんがあなたのものですか。

➡ ＿＿＿＿＿＿＿＿＿＿ is yours?

— この黒いかばんです。

➡ — ＿＿＿＿＿＿＿＿＿＿＿＿ is.

`memo`
whichでたずねられたら，
YesやNoではなく，
たずねられた範囲の〈もの・こと〉を
具体的に答える。

┄┄bagのくり返しをさけるための代名詞

〈Which＋名詞＋一般動詞の疑問文〉

「どの［どちらの］…が～しますか」は，〈Which＋名詞＋一般動詞の疑問文〉の語順。

あなたはどの色が好きですか。
③ ＿＿＿＿＿ ＿＿＿＿＿ do you like?

—私は赤が好きです。
④ — I like ＿＿＿＿＿ .

■日本文を英語になおしましょう。

あなたはどちらの本を読みますか。

➡ ＿＿＿＿＿＿＿＿ ＿＿＿＿＿＿＿＿ do you read?

  └----- 限られた範囲から何かを選ぶときはwhichを使う

〈Which（＋名詞）＋疑問文，A or B?〉

「AとBではどちらが～ですか」とたずねるときは，〈Which ～, A or B?〉の語順。

あなたはイヌとネコのどちらが好きですか。

🔊⑤ ＿＿＿＿＿＿＿ do you like, dogs ＿＿＿＿＿ cats?

— 私はネコが好きです。

🔊⑥ —— I like ＿＿＿＿＿ .

■日本文を英語になおしましょう。

あなたはピザとスパゲッティのどちらが好きですか。

➡ ＿＿＿＿＿ ＿＿＿＿＿ ＿＿＿＿＿ ＿＿＿＿＿, pizza ＿＿＿＿＿ spaghetti?

  2つのものを比べるときは，比べるものの間をorでつなぐ----┘

確認問題

(1) 「あなたは野球とサッカーのどちらのスポーツをしますか。」という意味になる
ように，（　　）内の語句を並べかえましょう。
(baseball / sport / you / which / soccer / do / play, / or)?

➡ ＿＿＿＿＿＿＿＿＿＿＿＿＿＿＿＿＿＿＿＿＿＿＿＿＿ ?

(2) 日本文を英語になおしましょう。
①どちらのカップがあなたのものですか。

➡ ＿＿＿＿＿＿＿＿＿＿＿＿＿＿＿＿＿＿＿＿＿＿

②あなたはご飯とパンのどちらが好きですか。

➡ ＿＿＿＿＿＿＿＿＿＿＿＿＿＿＿＿＿＿＿＿＿＿

4 Whose 〜? 「誰の〜ですか」

音声をききながら___をうめよう!

Whose is this notebook?
このノートは誰のものですか。

Whose notebook is this?
これは誰のノートですか。

Point! 疑問詞 whose は「誰のもの」とたずねるときに使う。

whose の疑問文

「誰のものですか」とたずねるときは，〈Whose + 疑問文〉の語順で表す。

この本は誰のものですか。

_____ is this book?

■日本文を英語になおしましょう。

この帽子は誰のものですか。

➡ _____ _____ this cap?
　　　　　　　　⌐--- this capに対応するbe動詞が入る

〈whose + 名詞〉の疑問文

「誰の〜ですか」とたずねるときは，〈Whose + 名詞 + 疑問文〉の語順で表す。

これは誰の本ですか。

_____ _____ is this?

■日本文を英語になおしましょう。

これは誰の帽子ですか。

➡ _____ _____ is this?
　　　　　　　　⌐---「帽子」を表す名詞が入る

memo
whose→「誰のもの」
〈whose + 名詞〉→「誰の〜」

whose の疑問文への答え方

「誰の〜ですか」という質問に答えるときは，具体的に〈持ち主〉を答える。

> この本は誰のものですか。/ これは誰の本ですか。
>
> # Whose is this book? / Whose book is this?
>
> ― それは私のもの［私の本］です。
>
> ― It is _____ .

〈所有代名詞〉

「〜のもの」という意味の代名詞（所有代名詞）は，〈所有格 + 名詞〉のはたらきをする。

私のもの	あなたのもの	彼のもの	彼女のもの	私たちのもの	あなたたちのもの	彼(彼女)らのもの
mine	yours	his	hers	ours	yours	theirs

■日本文を英語になおしましょう。

この帽子は誰のものですか。

memo
人の名前に 's をつけると
「〜の（もの）」という意味になる。

➡ _____ _____ this cap?

― それはケン（Ken）のもの［ケンの帽子］です。

➡ ― It's _____ [Ken's cap].

確認問題

(1) 下線部を問う疑問文を英語で書きましょう。

① This is <u>my brother's</u> piano. ➡ _____

② Those uniforms are <u>ours</u>. ➡ _____

(2) 会話を完成させましょう。

A：あの車は誰のものですか。 ➡ _____

B：それは私の父のものです。 ➡ _____

1 「〜しています」「〜していません」

音声をききながら　をうめよう！

He takes a bath.
彼（かれ）は（ふだん）入浴します。

He is taking a bath.
彼は（今）入浴しています。

Point! 今まさに進行中の動作についていうときは現在進行形を使う。

現在進行形「〜しています」の肯定文（こうてい）・否定文

「〜しています」と，今まさに進行中の動作を表すときは，現在進行形

〈be動詞 + 動詞の ing形〉を使う。否定文にするときは，be動詞のあとに not を置く。

私は今，公園を走っています。

① I _____ _____ in the park now.

私は，本を読んでいません。

② I _____ _____ _____ a book.

〈動詞の ing形の作り方〉

動詞の種類	動詞の ing形の作り方	原形 → 動詞の ing形
多くの動詞	後ろに ing をつける	play（（スポーツなど）をする）→ playing talk（話す）→ talking
語尾が e（ご び）	e をとって ing をつける	write（〜を書く）→ writing take（〜をとる）→ taking
run など	最後の文字を重ねて ing をつける	run（走る）→ running swim（泳ぐ）→ swimming

■日本文を英語になおしましょう。

私たちはテレビを見ています。

➡ We _____ _____ TV.

私は泳いでいません。

➡ I _____ _____ _____ .

memo
次のような状態を表す動詞は
現在進行形にしない。
like（〜を好む），believe（〜を信じる），
wish（〜を望む），know（〜を知っている），
have（〜を持っている）
※haveは「〜を食べる」の意味で使うときは，
　例外的に現在進行形として
　使うことができる。

現在進行形「〜しています」の疑問文

現在進行形の文を疑問文にするときは、〈be動詞 + 主語 + 動詞の ing形 〜?〉の語順で表す。この質問に答えるときは、Yes か No と be動詞を使って答える。

あなたは本を読んでいますか。

3 _____ you _____ a book?

— はい、読んでいます。 / いいえ、読んでいません。

4 — Yes, _____ _____ . / No, _____ _____ .

■日本文を英語になおしましょう。

その赤ちゃんは眠っていますか。

➡ _____ the baby _____ ?

---- 疑問文にするときはbe動詞を文頭に置く

確認問題

(1) 動詞を ing 形になおしましょう。

use ➡ _____   wash ➡ _____   get ➡ _____

come ➡ _____   stop ➡ _____   see ➡ _____

(2) 「私のネコたちは今、夕食を食べています。」という意味になるように、（　　　）内の語句を並べかえましょう。

(eating / are / my cats / their dinner) now.

➡ _____ now.

(3) 日本文を英語になおしましょう。
①彼女は皿を洗っていません。

➡ _____

②彼らは公園を歩いていますか。

➡ _____

2 How 〜! / What 〜!「何て〜だ！」

音声をききながら　　をうめよう！

How fast!

何て速いんだ！

What a beautiful flower!

何て美しい花なんだ！

！
速い！！

Point! 驚きや感動を表す文を感嘆文といい，how や what を使って表現する。

感嘆文① 「何て〜だ！」

「何て〜だ！」という感嘆文の表現は〈How + 形容詞［副詞］!〉または

〈What (a[an]) + 形容詞 + 名詞!〉で表す。

何て美しいんだ！

_____ beautiful!

何てかわいいネコなんだ！

_____ _____ cute cat!

■日本文を英語になおしましょう。

何ておいしいんだ！

➡ _____ delicious!

└── 文に名詞を含むかどうかでhowかwhatのどちらが入るかわかる

何て頭のいい男の子なんだ！

➡ _____ a smart boy!

■英文を日本語になおしましょう。

What a big dog! ➡ _____

How cold! ➡ _____

感嘆文② 「…は何て～だ！」

驚きや感動の対象や動作を明確にするため，文末に〈主語 + 動詞〉を置き，

〈How + 形容詞［副詞］+ 主語 + 動詞!〉または

〈What（a[an]）+ 形容詞 + 名詞 + 主語 + 動詞!〉と表現することもできる。

彼は何て優しいんだ！

3）How nice ＿＿＿＿＿＿ ＿＿＿＿＿＿ !

彼女は何てかわいらしいシャツを着ているんだ！

4）What a cute shirt ＿＿＿＿＿＿ ＿＿＿＿＿＿ !

■日本文を英語になおしましょう。

> 日本文に合う「主語 + 動詞」を考えよう！

彼女は何て速く走るんだ！

➡ ＿＿＿＿＿＿ fast ＿＿＿＿＿＿ ＿＿＿＿＿ !

彼は何てすばらしい医者なんだ！

➡ ＿＿＿＿＿＿ a great doctor ＿＿＿＿＿＿ ＿＿＿＿＿ !

確認問題

(1) 「彼は何ておもしろい本を書くんだ！」という意味になるように，（　　）内の語句を並べかえましょう。

(book / he / interesting / what / writes / an)!

➡ ＿＿＿＿＿＿＿＿＿＿＿＿＿＿＿＿＿＿＿＿＿＿＿＿＿＿ !

(2) 日本文を英語になおしましょう。

①何て背が高いんだ！➡ ＿＿＿＿＿＿＿＿＿＿＿＿＿＿＿＿＿

②何て長い歌なんだ！➡ ＿＿＿＿＿＿＿＿＿＿＿＿＿＿＿＿＿

(3) how の文は what の文に，what の文は how の文に書きかえましょう。

① How heavy this bag is! ➡ ＿＿＿＿＿＿＿＿＿＿＿＿＿＿

② What a high mountain that is! ➡ ＿＿＿＿＿＿＿＿＿＿＿

57

1 want / try / need to 〜.

音声 をききながら ＿＿をうめよう!

I want to dance.

私はおどりたいです。

〜したい

I try to speak English more.

私はもっと英語を話そうと（努力）しています。

I'm Chataro.

〜しようとする(試みる，努力する)

I need to study hard.

私は一生懸命勉強をしなければなりません。

〜する必要がある

Point! 〈to + 動詞の原形〉の前に，want をつけると「〜したい」，

try をつけると「〜しようとする(試みる，努力する)」，

need をつけると「〜する必要がある」という意味になる。

「〜したい」の文

「〜したい」は 〈want to + 動詞の原形〉で表す。

彼はそのゲームをしたいです。

He ＿＿＿＿＿＿ ＿＿＿＿＿＿ ＿＿＿＿＿＿ the game.

■日本文を英語になおしましょう。

> 主語が三人称単数でも〈to＋動詞の原形〉の形は変わらないよ!

私の母は京都を旅行したいです。

➡ My mother ＿＿＿＿＿＿ ＿＿＿＿＿＿ in Kyoto.

私はその本を読みたくありません。

➡ I ＿＿＿＿＿＿ the book.

┈┈否定文の場合は動詞の前にdon'tを置く

「〜しようとする」

「〜しようとする(試みる，努力する)」は 〈try to + 動詞の原形〉で表す。

彼女は私を止めようとします。

She ＿＿＿＿＿＿ ＿＿＿＿＿＿ ＿＿＿＿＿＿ me.

■日本文を英語になおしましょう。

彼はピアノを弾こうとします。

➡ He _____ _____ _____ the piano.

あなたの妹は日本語を話そうとしていますか。

➡ _____ your sister _____ _____ _____ Japanese?

tryの三人称単数現在形は
triesだ！

「〜する必要がある」

「〜する必要がある」は〈need to + 動詞の原形〉で表す。

私は宿題を終わらせる必要があります。

I _____ _____ _____ my homework.

■日本文を英語になおしましょう。

彼女は図書館に行く必要があります。

➡ She _____ _____ _____ to the library.

図書館

私の父は車を洗う必要がありません。

➡ My father _____ _____ _____ _____ the car.

確認問題

(1) （　　　）内の指示にしたがって，英文を書きかえましょう。

①I want to make dinner.（否定文に）

➡ _____

②She needs to clean the kitchen.（疑問文に）

➡ _____

(2) 日本文を英語になおしましょう。

①私はテレビを見たいです。 ➡ _____

②彼は英語の本を読もうとしています。

➡ _____

59

音声
をききながら
___ をうめよう！

What do you want to eat?
あなたは何を食べたいですか。

What does he want to eat?
彼_{かれ}は何を食べたいですか。

Point! 「何を〜したいですか」は，

〈What do[does] + 主語 + want to + 動詞の原形 〜?〉で表す。

「あなたは何を〜したいですか」

「あなたは何を〜したいですか」は〈What do you want to 〜?〉の語順で表す。

答えるときは，〈I want to 〜.〉を使って具体的に答える。

あなたは今何をしたいですか。

1️⃣ _____ _____ _____ _____ _____ do now?

— 私はピアノを弾_ひきたいです。

2️⃣ — _____ _____ _____ play the piano.

■日本文を英語になおしましょう。

あなたは今何を読みたいですか。

➡ _____ to read now?

— 私はマンガを読みたいです。

➡ — _____ read a comic.

> **memo**
> 「あなたは何の…を〜したいですか」
> は，whatのあとに「映画」movie,
> 「動物」animalなどの具体的な名詞
> をつけて表す。

あなたは何の歌を歌いたいですか。

➡ _____ sing?

— 私は英語の歌を歌いたいです。

➡ — _____ sing English songs.

「…は何を〜したいですか」

主語が三人称単数のときは，疑問文では do の形を変え，

答えの文では want の形を変える。

彼は何を作りたいですか。

🔊 ③ _____ _____ _____ _____ _____ cook?

― 彼はスパゲッティを作りたいです。

🔊 ④ ― _____ _____ _____ cook spaghetti.

■日本文を英語になおしましょう。

彼女は何を食べたいですか。

➡ _____ eat?

‥‥‥‥主語が三人称単数の場合，疑問文ではdoはdoesにする

― 彼女はハンバーガーが食べたいです。

➡ ― _____ eat a hamburger.

> 主語が変わっても
> 〈to＋動詞の原形〉の
> 部分は同じだ！

確認問題

(1) 下線部を問う疑問文を作りましょう。

① Dick wants to buy <u>a book</u>.

➡ What _____ ?

② Your sister wants to make <u>a cake</u>.

➡ What _____ ?

(2) 日本文を英語になおしましょう。

①あなたは何を飲みたいですか。

➡ _____

②彼女は何の映画を見たいですか。

➡ _____

3 look + 形容詞「〜に見えます」

You look happy.

あなたは幸せそうに見えます。

It looks delicious.

それはおいしそうに見えます。

Point! 「〜（そう）に見える」は〈look + 形容詞〉で表す。

〈look + 形容詞〉の文

「〜に見えます」は〈look + 形容詞〉で表す。

あなたは悲しそうに見えます。

You ＿＿＿＿＿＿ ＿＿＿＿＿＿ .

■日本文を英語になおしましょう。

あなたは, のどがかわいているように見えます。

➡ You ＿＿＿＿＿＿ ＿＿＿＿＿＿ .

彼(かれ)らは疲(つか)れて見えますか。

➡ ＿＿＿＿＿ they ＿＿＿＿＿ ?

> **memo**
> 〈look + 形容詞〉は, 外見的な判断を表す。
> look sad「悲しそうに見える」
> look happy「幸せそうに見える」
> look sleepy「眠(ねむ)そうに見える」
> look busy「忙(いそが)しそうに見える」
> look delicious「おいしそうに見える」

■日本文に合うように, （　）内の語句を並べかえましょう。

あなたたちはお腹がすいているようには見えません。

You (hungry / don't / look).

➡ You ＿＿＿＿＿＿＿＿＿＿＿＿＿ .

私はどのように見えますか。

How (do / look / I)?

➡ How ＿＿＿＿＿＿＿＿＿＿＿＿＿ ?

> 疑問詞howは
> 「どう, どのように」
> という意味だね。

〈look＋形容詞〉の文（主語が三人称単数の場合）

主語が三人称単数のときは，look の形を変えて〈looks＋形容詞〉で表す。

私の赤ちゃんは幸せそうに見えます。

My baby ＿＿＿＿＿＿ ＿＿＿＿＿＿＿＿ .

■日本文を英語になおしましょう。

あなたのお母さんは忙しそうに見えます。

➡ Your mother ＿＿＿＿＿＿ ＿＿＿＿＿＿ .

> 否定文や疑問文の語順は
> 一般動詞の文と同じだ！

このピザはおいしそうには見えません。

➡ This pizza ＿＿＿＿＿＿ ＿＿＿＿＿ ＿＿＿＿＿ .

その男の子は眠そうに見えますか。

➡ ＿＿＿＿＿＿ the boy ＿＿＿＿＿ ＿＿＿＿＿＿ ?

今日マイはどのように見えますか。

➡ ＿＿＿＿＿ ＿＿＿＿＿ Mai ＿＿＿＿＿ today?

＿＿＿「どのように」と聞くときはhowで始める

確認問題

(1) 日本文に合うように，（　）内の語句を並べかえましょう。

①あなたは疲れているように見えます。

（ tired / you / look ）. ➡ ＿＿＿＿＿＿＿＿＿＿＿＿＿ .

②そのケーキはおいしそうに見えますか。

（ look / does / delicious / the cake ）?

➡ ＿＿＿＿＿＿＿＿＿＿＿＿＿＿＿＿ ?

(2) 日本文を英語になおしましょう。

①彼らは眠そうに見えます。➡ ＿＿＿＿＿＿＿＿＿＿＿

②あの子どもたちは元気そうに見えません。

➡ ＿＿＿＿＿＿＿＿＿＿＿＿＿

1 can の文
「〜できます」「〜できません」

音声をききながら＿＿をうめよう！

He can play the guitar.
彼_{かれ}はギターを弾_ひくことができます。

She cannot play the guitar.
彼女はギターを弾くことができません。

Point!　「〜できます」は can,「〜できません」は cannot で表す。

can の文「〜できます」

「〜できます」と言うときは,〈can ＋ 動詞の原形〉で表す。

レナはテニスをします。

Rena plays tennis.

レナはテニスをすることができます。

Rena ＿＿＿＿＿＿＿ ＿＿＿＿＿＿＿ tennis.

■日本文を英語になおしましょう。

私は日本語を読めます。

➡ I ＿＿＿＿＿ ＿＿＿＿＿ Japanese.

＿＿＿canのあとの動詞は原形

主語が何でも
canの形は
変わらないんだ！

私の妹は車を運転できます。

➡ My sister ＿＿＿＿＿ ＿＿＿＿＿ a car.

■日本文に合うように,（　　）内の語句を並べかえましょう。

私たちはあなたのお母さんを手伝えます。

(your mother / we / can / help). ➡ ＿＿＿＿＿＿＿＿＿＿＿＿＿＿＿＿＿.

can の否定文 「〜できません」

「〜できません」という can の否定文は，〈主語 + cannot[can't] + 動詞の原形 〜.〉
の語順で表す。

> レナはテニスをすることができません。
>
> Rena _____ _____ tennis.
>
> ----- 短縮形はcan't

■日本文を英語になおしましょう。

私は英語を上手に話せません。

➡ I _____ _____ English well.

> **memo**
> cannotの短縮形はcan't。

私の弟は牛乳を飲めません。

➡ My brother _____ _____ milk.

■日本文に合うように，（　　）内の語句を並べかえましょう。

彼らはコーヒーを飲めません。

(coffee / they / can't / drink). ➡ _____.

確認問題

(1) （　　）内の指示にしたがって，英文を書きかえましょう。

①I can make dinner today. （否定文に）

➡ _____

②She swims well. （「〜できます」という文に）

➡ _____

(2) 日本文を英語になおしましょう。

①私はスキーができます。 ➡ _____

②私たちは上手に歌えません。

➡ _____

2 Can you 〜? 「〜できますか」/ Can I 〜? 「〜してもいいですか」

Can you make lunch for me?
私に昼食を作って<u>てくれますか</u>。

Can I swim here?
ここで泳い<u>でもいいですか</u>。

ダメ！

Point! can の疑問文は can を文頭に置き，〈Can + 主語 + 動詞の原形 〜?〉で表す。

can の疑問文

「〜できますか」という can の疑問文は，〈Can + 主語 + 動詞の原形 〜?〉の語順。

この質問には，〈Yes, 主語 + can.〉または〈No, 主語 + cannot[can't].〉で答える。

ミカは速く泳げますか。

　　　　　Mika 　　　　　 fast?

— はい，泳げます。 / いいえ，泳げません。

—— Yes, she 　　　　. / No, she 　　　　　.

■日本文を英語になおしましょう。

あなたはあの看板が見えますか。

➡ ＿＿＿＿＿＿＿＿＿＿＿＿ that sign?

> **memo**
> 疑問文では，Can を文頭に置き，動詞は原形にする。be動詞や do[does]は使わないので注意。

依頼するときの can の文

Can you 〜? には「あなたには〜できますか」のほかに，

「〜してくれますか」と依頼する意味もある。

窓を開けてくれますか。　— わかりました。

　　　　　　　　　open the window?　—— All right.

■日本文を英語になおしましょう。

私の誕生日にケーキを作ってくれませんか。

➡ _____ _____ _____ a cake for my birthday?

許可を求めるときの can の文

can には「～してもよい」と許可する意味もあり，

Can I ～? で「(私は)～してもいいですか」と表現することができる。

ドアを開けてもいいですか。 ― いいですよ。

🔊4 [_____] [_____] open the door?　― Sure.

■日本文を英語になおしましょう。

ここに座ってもいいですか。

➡ _____ _____ _____ here?

確認問題

(1) 日本文に合うように，(　　)内の語句を並べかえましょう。
　①あなたの妹は速く走れますか。
　　(run / your sister / can / fast)?
　　➡ _____ ?

　②彼(かれ)らは日本語が話せますか。
　　(they / speak / can / Japanese)?
　　➡ _____ ?

(2) 日本文を英語になおしましょう。
　①あなたの弟はスキーができますか。
　　➡ _____

　②音楽を聞いてもいいですか。
　　➡ _____

1 「～しました」① 規則動詞

音声 をききながら ＿＿をうめよう！

先週の日曜日

He walked last Sunday.

彼は先週の日曜日に歩きました。

昨日　　　　　　　　　　現在

He used the computer yesterday.

彼は昨日，そのコンピューターを使いました。

Point! 過去を表すときは，動詞の語尾に (e)d をつけて過去形にする。

過去の文 （規則動詞）

「～しました」と過去のことを表すときは，動詞を過去形にする。

私はテニスをします。

[現在の文] **I play tennis.**

私はテニスをしました。

 [過去の文] **I ＿＿＿＿＿＿ tennis.**

〈規則動詞の過去形〉

一般動詞の種類	過去形の作り方	原形 → 過去形
多くの動詞	語尾に ed をつける	enjoy（～を楽しむ）→ enjoyed visit（～を訪れる）→ visited
語尾が e	語尾に d をつける	live（住む）→ lived use（～を使う）→ used
語尾が〈子音字＋y〉	語尾の y を i に変えて ed をつける	study（～を勉強する）→ studied
stop など	最後の文字を重ねて ed をつける	stop（止まる）→ stopped

■日本文を英語になおしましょう。

私のおじは広島に住んでいました。

➡ **My uncle ＿＿＿＿＿ in Hiroshima.**

memo
多くの一般動詞は，過去形にするとき語尾に(e)dをつける。このように規則的に変化する動詞を規則動詞と言う。

過去のある時点を表す言葉

過去の文では，過去のある時点を表す言葉を使うことが多い。

彼女は昨日，パーティーを楽しみました。

🔊 She ＿＿＿＿＿＿＿＿ the party ＿＿＿＿＿＿＿＿＿＿＿＿ .

■日本文を英語になおしましょう。

ハルカは３日前にその映画を見ました。

➡ Haruka ＿＿＿＿＿＿＿＿＿＿ the movie ＿＿＿＿＿ ＿＿＿＿＿ ＿＿＿＿＿ .

私のおばはそのときイギリスに住んでいました。

➡ My aunt ＿＿＿＿＿ in England ＿＿＿＿＿ .

┄┄ 空らんの数に注意

私は先週，その博物館を訪れました。

➡ I ＿＿＿＿＿ the museum ＿＿＿＿＿ ＿＿＿＿＿ .

> **memo**
> **過去のある時点を表す語**
> yesterday「昨日」，
> last ～「この前の～，先～」
> ～ ago「～前」
> then, at that time「そのとき」

確認問題

(1) （　　　）内の指示にしたがって，英文を書きかえましょう。

① I watch a movie at home.（過去の文に）

➡ ＿＿＿＿＿＿＿＿＿＿＿＿＿＿＿＿＿＿＿＿＿＿

② We use this computer.（文末に yesterday を加える）

➡ ＿＿＿＿＿＿＿＿＿＿＿＿＿＿＿＿＿＿＿＿＿＿

(2) 日本文を英語になおしましょう。

①私たちは夕食を料理しました。

➡ ＿＿＿＿＿＿＿＿＿＿＿＿＿＿＿＿＿＿＿＿＿＿

②彼女の車が私の家の近くに止まりました。

➡ ＿＿＿＿＿＿＿＿＿＿＿＿＿＿＿＿＿＿＿＿＿＿

2 「〜しました」②不規則動詞

音声 をききながら＿＿をうめよう！

---

3 日前　　　　　　　　　　　　　　7a.m.　　　　　2p.m.

He saw fireworks three days ago.

彼は 3 日前に花火を見ました。

He ate *udon* this morning.

彼は今朝，うどんを食べました。

Point! 動詞を過去形にするとき，不規則に変化するものもある。

過去の文（不規則動詞）

「〜しました」と過去のことを表すときは，動詞を過去形にする。

| 現在の文 | 私は公園に行きます。
I go to the park. |

| 過去の文 | 私は公園に行きました。
I ＿＿＿＿＿ to the park. |

〈不規則動詞の過去形〉

原形 → 過去形	原形 → 過去形	原形 → 過去形
buy（〜を買う）→ bought	give（〜を与える）→ gave	put（〜を置く）→ put
come（来る）→ came	go（行く）→ went	read（〜を読む）→ read
eat（〜を食べる）→ ate	have（〜を持っている など）→ had	say（〜を言う）→ said
get（〜を得る）→ got	leave（〜を去る）→ left	see（〜を見る）→ saw

■日本文を英語になおしましょう。

私の父は手紙を書きました。

➡ My father ＿＿＿＿＿ a letter.

過去のある時点を表す言葉

過去の文では，過去のある時点を表す言葉を使うことが多い。

彼は先月，新しい自転車を買いました。

He _____ a new bike _____ _____.

■日本文を英語になおしましょう。

私は昨日，動物園でライオンを見ました。

➡ I _____ lions in the zoo _____.

私の母は先週，この本を読みました。

➡ My mother _____ this book _____ _____.

彼女が昨年，私にこのかばんをくれました。

➡ She _____ this bag to me _____.

> **memo**
> 原形と過去形で形が
> 変わらない動詞は
> 文脈で現在か過去かを
> 判断する。

> readは
> 原形と過去形の形が
> 同じだよ。

確認問題

(1) 一般動詞の過去形を書きましょう。

come ➡ _____　　leave ➡ _____　　go ➡ _____

have ➡ _____　　give ➡ _____　　say ➡ _____

(2) （　　）内の指示にしたがって，英文を書きかえましょう。

① I get up early.（文末に yesterday を加える）

➡ _____

② Nao and I eat pizza.（文末に last week を加える）

➡ _____

(3) 日本文を英語になおしましょう。

①私は日本語を教えました。➡ _____

②彼は私の妹のカップをテーブルの上に置きました。

➡ _____

3 「～しましたか」「～しませんでした」

I didn't call him.

私は彼に電話をしませんでした。

Did you go to the stadium yesterday?

あなたは昨日，競技場に行きましたか。

Point! 過去形の否定文は動詞の前に did not[didn't] を置く。過去形の疑問文は主語の前に Did を置き，〈Did + 主語 + 動詞の原形 ～?〉で表す。

過去の否定文

「～しませんでした」という一般動詞の過去の否定文は，

〈主語 + did not[didn't] + 一般動詞の原形 ～?〉の語順で表す。

私は昨日，テニスをしませんでした。

 I ＿＿＿＿＿ ＿＿＿＿＿ ＿＿＿＿＿ tennis yesterday.

■日本文を英語になおしましょう。

私はその本を買いませんでした。

➡ I ＿＿＿＿＿ ＿＿＿＿＿ ＿＿＿＿＿ the book.

memo
否定文・疑問文では，動詞は必ず原形になる。

過去の疑問文

「～しましたか」は，〈Did + 主語 + 一般動詞の原形 ～?〉の語順で表す。

この質問に答えるときは，〈Yes, 主語 + did.〉または〈No, 主語 + did not[didn't].〉。

あなたは昨日，テニスをしましたか。

 ＿＿＿＿＿ you ＿＿＿＿＿ tennis ＿＿＿＿＿＿＿＿＿＿ ?

— はい，しました。/ いいえ，しませんでした。

 —— Yes, I ＿＿＿＿ . / No, I ＿＿＿＿＿＿ .

■日本文を英語になおしましょう。

あなたは今朝，ホワイトさんにプレゼントをあげましたか。

➡ ＿＿＿＿＿ you ＿＿＿＿＿ a present to Ms. White ＿＿＿＿＿ ＿＿＿＿＿？

疑問詞を使った過去の疑問文

「何」や「どこ」などと過去のことをたずねたいときは，過去形の疑問文の文頭に

疑問詞を置く。この質問に答えるときは，たずねられたことに対して具体的に答える。

あなたは昨夜，何をしましたか。

🔊4 ＿＿＿＿＿ did you do ＿＿＿＿＿ ＿＿＿＿＿？

― 私はテレビを見ました。

🔊5 ― I ＿＿＿＿＿ TV.

■日本文を英語になおしましょう。

あなたは先週の土曜日に，何を読みましたか。

> 「何」はwhat.
> 「どこに」はwhereだね。

➡ ＿＿＿＿＿ ＿＿＿＿＿ you ＿＿＿＿＿ last Saturday?

あなたたちは5日前，どこを訪れましたか。

➡ ＿＿＿＿＿ ＿＿＿＿＿ you ＿＿＿＿＿ five days ago?

確認問題

(1) 「あなたのお姉さんはいつ私に電話しましたか。」という意味になるように，
(）内の語句を並べかえましょう。
(your sister / did / me / when / call)?
➡ ＿＿＿＿＿＿＿＿＿＿＿＿＿＿＿＿＿＿？

(2) 日本文を英語になおしましょう。
私は先週の日曜日，あの公園へは行きませんでした。
➡ ＿＿＿＿＿＿＿＿＿＿＿＿＿＿＿＿＿＿

4 be動詞の過去形「〜でした」

音声をききながら＿＿＿＿をうめよう！

先週の土曜日　　　　　　　昨日　　　　　　　現在

I was **at home** last Saturday.

私は先週の土曜日，家にいました。

Were **you happy** yesterday?

あなたは昨日，楽しかったですか。

Point! 「〜でした」「（〜に）いました」と過去のことを言うときは，
be動詞の過去形 was か were を使う。

be動詞の過去形

「〜でした」「（〜に）いました」と言うときは，was（am, is の過去形），
または were（are の過去形）を使う。

彼は病気でした。

He ＿＿＿＿＿＿ sick.

■日本文を英語になおしましょう。

私は昨日，忙しかったです。

➡ I ＿＿＿＿＿＿ busy yesterday.

┈┈ amの過去形

私たちは九州にいました。

➡ We ＿＿＿＿＿＿ in Kyushu.

┈┈ areの過去形

memo	
be動詞	
現在形	過去形
am	was
is	was
are	were

be動詞の過去形の否定文

be動詞の過去の否定文は，〈主語 + wasn't 〜.〉や〈主語 + weren't 〜.〉で表す。

彼は病気ではありませんでした。

He ＿＿＿＿＿＿ sick.

■日本文を英語になおしましょう。

私は昨日，家にいませんでした。

➡ I ＿＿＿＿＿＿＿＿ at home yesterday.

memo

was notの短縮形はwasn't.
were notの短縮形はweren't.

be動詞の過去形の疑問文

be動詞の過去の疑問文は，〈Was[Were] + 主語〜?〉で表す。

彼は病気でしたか。

＿＿＿＿＿ he sick?

— はい，病気でした。 / いいえ，病気ではありませんでした。

── Yes, ＿＿＿＿＿ ＿＿＿＿＿ . / No, ＿＿＿＿＿ ＿＿＿＿＿ .

■日本文を英語になおしましょう。

あなたはこの前の日曜日に図書館にいましたか。

➡ ＿＿＿＿＿ you in the library last Sunday?

あなたのお母さんは元気でしたか。

➡ ＿＿＿＿＿ your mother fine?

（確認問題）

(1) （　　）内の指示にしたがって，英文を書きかえましょう。

①I am hungry.（文末に last night を加える）

➡ ＿＿＿＿＿＿＿＿＿＿＿＿＿＿＿＿

②Is your sister happy?（文末に then を加える）

➡ ＿＿＿＿＿＿＿＿＿＿＿＿＿＿＿＿

(2) 日本文を英語になおしましょう。
あなたはうるさくはありませんでした。

➡ ＿＿＿＿＿＿＿＿＿＿＿＿＿＿＿＿

5 There is 〜. / There are 〜. 「〜があります」

音声
をききながら
____をうめよう！

There is an apple.

リンゴが 1 つあります。

There are some apples.

リンゴがいくつかあります。

Point! 「〜があります」「〜がいます」は，〈There is 〜. 〉
または 〈There are 〜. 〉で表す。

There is 〜. / There are 〜. 「〜があります」

「〜があります」「〜がいます」は 〈There is[are] 〜.〉で表す。

1 つのものを指すときは 〈There is 〜.〉，2 つ以上のときは 〈There are 〜.〉を使う。

ベンチの上に帽子(ぼうし)が 1 つあります。

 ＿＿＿＿＿＿ ＿＿＿＿＿＿ a hat on the bench.

■日本文を英語になおしましょう。

その駅の前にはたくさんの店があります。

➡ ＿＿＿＿＿＿ ＿＿＿＿＿＿ a lot of stores in front of the station.

memo
固有名詞やtheがついた特定の人・もの
にはThere is[are] 〜.は使えない。

There is 〜. / There are 〜. 「〜があります」の疑問文

〈There is[are] 〜.〉の疑問文は，〈Is[Are] + there + 主語 （＋場所）?〉の語順。

この質問に答えるときは，〈Yes, there is[are].〉または 〈No, there isn't[aren't].〉。

あなたの家の近くにはお城がありますか。

＿＿＿＿＿＿ ＿＿＿＿＿＿ a castle near your house?

― はい，あります。 / いいえ，ありません。

—— Yes, ＿＿＿＿＿＿ ＿＿＿＿＿＿ . / No, ＿＿＿＿＿＿ ＿＿＿＿＿＿ .

■日本文を英語になおしましょう。

公園の近くに図書館がありますか。

➡ _____ _____ a library near the park?

その公園にはたくさんのベンチがありますか。

➡ _____ many benches in the park?

「…にいくつの～がありますか」

「…にいくつの～がありますか」は〈How many ～ are there ...?〉で表す。

その箱の中にはいくつのボールがありますか。

🔊 _____ _____ balls are there in the box?

■日本文を英語になおしましょう。

箱にいくつのオレンジがありますか。

➡ _____ in the box?

⌐ᐧᐧᐧᐧ「いくつ」とたずねるときは名詞は複数形

確認問題

(1) 「テーブルの上に何枚の皿がありますか。」という意味になるように，（　　）内の語句を並べかえましょう。

(dishes / the table / are / how many / there / on)?

➡ _____ ?

(2) 日本文を英語になおしましょう。

①その動物園にはライオンが2頭います。

➡ _____

②あなたの学校には図書室がありますか。

➡ _____

6 過去進行形

音声をききながら＿＿をうめよう！

I was skiing at 3 p.m. yesterday.
私は昨日の午後3時にスキーをしていました。

昨日の午後3時は何していたの？

Point! 「(過去のある時点に)〜していました」と言うときは，

〈主語 + was[were] + 動詞の ing形 〜.〉で表す。

過去進行形の文

「(過去のある時点に)〜していました」というときは，

〈主語 + was[were] + 動詞の ing形 〜.〉の語順。

私は昨日の5時に，サッカーをしていました。

I ＿＿＿＿＿＿ ＿＿＿＿＿＿＿＿＿ soccer at five yesterday.

■日本文を英語になおしましょう。

彼らはそのとき台所を掃除していました。

➡ They ＿＿＿＿＿＿ ＿＿＿＿＿＿ the kitchen then.

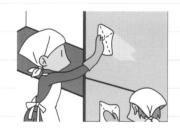

過去進行形の否定文

「〜していませんでした」は，〈was[were] not + 動詞の ing形 〜〉の語順。

彼はトムと話していませんでした。

He ＿＿＿＿＿＿ ＿＿＿＿＿＿ ＿＿＿＿＿＿＿＿＿ with Tom.

■日本文を英語になおしましょう。

そのとき，私たちは父を手伝っていませんでした。

➡ We _____ _____ our father then.

└--- were not の短縮形

過去進行形の疑問文

「〜していましたか」は，〈Was[Were] + 主語 + 動詞の ing形 〜?〉の語順。

彼はトムと話していましたか。

3)) _____ he _____ with Tom?

― はい，話していました。 / いいえ，話していませんでした。

4)) ── Yes, he _____ . / No, he _____ .

■日本文を英語になおしましょう。

あなたたちは図書館で本を読んでいましたか。

➡ _____ you _____ books in the library?

(確認問題)

(1) 日本文に合うように，(　　　)内の語句を並べかえましょう。
①私は朝食を作っていました。

(making / was / I / breakfast).

➡ _____ .

②彼らは泳いでいませんでした。

(they / swimming / not / were).

➡ _____ .

(2) 日本文を英語になおしましょう。
①私はピアノを弾いていました。 ➡ _____

②そのとき，あなたは紅茶を飲んでいましたか。

➡ _____

初版
第 1 刷　2023 年 6 月 1 日　発行

●編　者
　数研出版編集部
●カバー・表紙デザイン
　株式会社クラップス

発行者　星野　泰也

ISBN978-4-410-15555-0

とにかく基礎　定期テスト準備ノート　中1英語

発行所　**数研出版株式会社**

本書の一部または全部を許可なく
複写・複製することおよび本書の
解説・解答書を無断で作成するこ
とを禁じます。

〒101-0052　東京都千代田区神田小川町 2 丁目 3 番地 3
　　　　　　〔振替〕00140-4-118431
〒604-0861　京都市中京区烏丸通竹屋町上る大倉町205番地
〔電話〕代表　(075)231-0161
ホームページ　https://www.chart.co.jp
印刷　創栄図書印刷株式会社
　　　乱丁本・落丁本はお取り替えいたします　230401

1 英語の音と文字・場面の表現 ･･････････････････････ 4・5 ページの解答

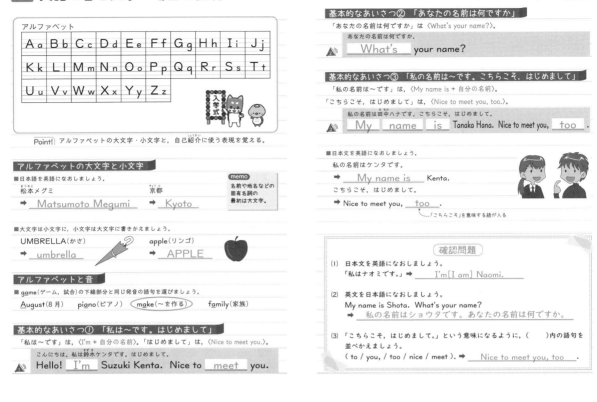

2 I am ～.「私は～です」/ I like ～.「私は～が好きです」 ･･････････ 6・7 ページの解答

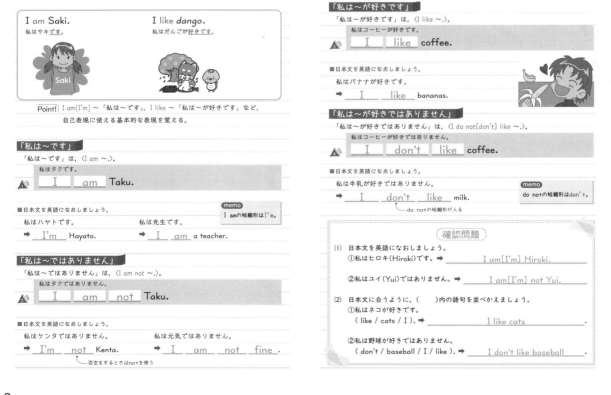

3 Are you 〜? / Do you 〜? 「あなたは〜ですか」 ……………… 8・9 ページの解答

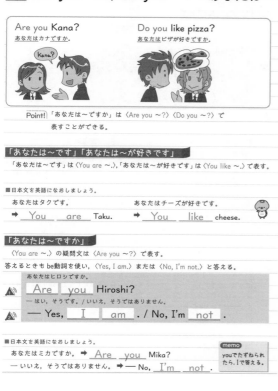

> Are you Kana?
> あなたはカナですか。
>
> Do you like pizza?
> あなたはピザが好きですか。

Point! 「あなたは〜ですか」は〈Are you 〜?〉〈Do you 〜?〉で
表すことができる。

「あなたは〜です」「あなたは〜が好きです」

「あなたは〜です」は〈You are 〜.〉、「あなたは〜が好きです」は〈You like 〜.〉で表す。

■日本文を英語になおしましょう。

あなたはタクです。
➡ __You__ __are__ Taku.

あなたはチーズが好きです。
➡ __You__ __like__ cheese.

「あなたは〜ですか」

〈You are 〜.〉の疑問文は〈Are you 〜?〉で表す。
答えるときも be動詞を使い、〈Yes, I am.〉または〈No, I'm not.〉と答える。

あなたはヒロシですか。
△ __Are__ __you__ Hiroshi?
　― はい、そうです。/ いいえ、そうではありません。
△ ― Yes, __I__ __am__ . / No, I'm __not__ .

■日本文を英語になおしましょう。

あなたはミカですか。➡ __Are__ __you__ Mika?
― いいえ、そうではありません。➡ ― No, __I'm__ __not__ .

memo
youでたずねられたら、Iで答える。

「あなたは〜が好きですか」

〈You like 〜.〉の疑問文は〈Do you like 〜?〉で表す。
答えるときは do を使い、〈Yes, I do.〉または〈No, I don't.〉で答える。

あなたは魚が好きですか。
△ __Do__ __you__ like fish?
　― はい、好きです。/ いいえ、好きではありません。
△ ― Yes, I __do__ . / No, I __don't__ .

■日本文を英語になおしましょう。

あなたは歌が好きですか。➡ __Do__ __you__ __like__ songs?
― はい、好きです。➡ ― Yes, __I__ __do__ .

「あなたは〜が好きですか」と聞くときは、文頭にDoを置くよ。

確認問題

(1) 「あなたはケーキが好きですか。」という意味になるように、( )内の語句を
並べかえましょう。
(you / cakes / like / do)? ➡ _____ Do you like cakes _____?

(2) 会話を完成させましょう。
①A：あなたはお茶が好きですか。
➡ __Do__ __you__ __like__ __tea__ ?
B：はい、好きです。➡ __Yes__ , __I__ __do__ .

②A：あなたはサッカー選手ですか。
➡ __Are__ __you__ __a__ __soccer__ __player__ ?
B：いいえ、そうではありません。➡ __No__ , __I'm__ __not__ .

③A：あなたは学生ですか。
➡ _____ Are you a student? _____
B：はい、そうです。➡ _____ Yes, I am. _____

---

4 This / That / He / She is 〜. ………………………… 10・11 ページの解答

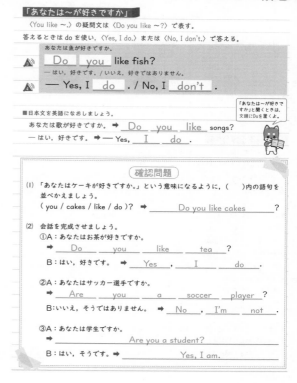

> This is a camera.
> これはカメラです。
>
> That is a Ferris wheel.
> あれは観覧車です。

Point! 近くのものを指して言うときは this、
離れたところにあるものを指して言うときは that を使う。

「これは〜です」の文

「これは〜です」は〈This is 〜.〉、「あれは〜です」は〈That is 〜.〉で表す。

これは本です。
△ __This__ __is__ a book.

■日本文を英語になおしましょう。

これは写真です。➡ __This__ __is__ a picture.
「これ」という意味の語が入る

memo
主語がthisやthatのとき、be動詞にはisを使う。

「これは〜ではありません」の文（否定文）

〈This is 〜.〉〈That is 〜.〉の否定文は be動詞の後ろに not を置き、
〈This is not 〜.〉〈That is not 〜.〉で表す。

これは本ではありません。
△ __This__ __is__ __not__ a book.

■日本文を英語になおしましょう。

これは写真ではありません。➡ __This__ __is__ __not__ a picture.

「これは〜ですか」の文（疑問文）

〈This is 〜.〉〈That is 〜.〉の疑問文は、主語と be動詞の位置を逆にして〈Is this 〜?〉
〈Is that 〜?〉で表す。答えるときは〈Yes, it is.〉〈No, it's not.〉と言う。

これは本ですか。
△ __Is__ __this__ a book?
　― はい、そうです。/ いいえ、そうではありません。
△ ― Yes, __it__ __is__ . / No, __it's__ __not__ .
　　　　　[it]　　　　　　[isn't]

■日本文を英語になおしましょう。

これは写真ですか。➡ __Is__ __this__ a picture?
― いいえ、ちがいます。➡ ― No, __it__ __is__ __not__ .

memo
No, it is not.
= No, it's not.
= No, it isn't.

「彼は〜です」「彼女は〜です」の文

「彼は〜です」は〈He is 〜.〉、「彼女は〜です」は〈She is 〜.〉で表す。

彼はトムです。
△ __He__ __is__ Tom.

■日本文を英語になおしましょう。

彼は医者です。➡ __He__ __is__ a doctor.

確認問題

(1) 「彼女はアーティストですか。」という意味になるように、( )内の語句を並
べかえましょう。
(an artist / is / she)? ➡ _____ Is she an artist _____?

(2) 日本文を英語になおしましょう。
①これはトマトです。 ➡ _____ This is a tomato. _____
②これはかばんではありません。➡ _____ This is not[isn't] a bag. _____

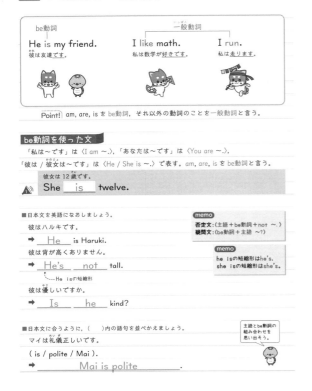

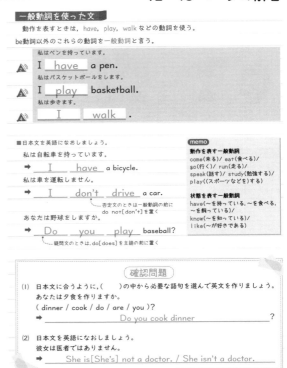

解説 ① be動詞と一般動詞

> be動詞 → 「～である」「(～に)ある, いる」
> 一般動詞 → 「～する」

　be動詞と一般動詞の大きな違いは, be動詞は後ろに補語を置いて「～である」, 一般動詞は後ろに目的語を置いて「～する」という意味になることです (例外もあります)。

　補語とは主語や目的語についての情報を補うもので, 主語とイコールの関係になります。

　目的語とは動詞が表す動作の目的を示すもので, 「～を, ～に」の「～」にあたる部分です。

▶ be動詞

例① I am Rika.
　　主語 ＝ 補語
　　　　私はリカです。

　I「私は」は Rika「リカ」のことを指し, I ＝ Rika の関係が成り立っています。

例② He is tall.
　　主語 ＝ 補語
　　　彼は背が高いです。

　tall「背が高い」のは He「彼は」なので, He ＝ tall という関係が成り立っています。

▶一般動詞

例③ I play tennis.
　　主語 ≠ 目的語
　　　　私はテニスをします。

> 主語I「私は」と tennis「テニス」はイコールではない。

　tennis「テニス」は, 動詞 play「(競技・ゲームなどを)する」の目的語で, play tennis は「テニスをする」という意味です。

例④ He studies English.
　　主語 ≠ 目的語
　　　彼は英語を勉強します。

> 主語He「彼は」と English「英語」はイコールではない。

　English「英語」は動詞 study「(～を)勉強する」の目的語で, study English は「英語を勉強する」という意味です。

2 What ～?「何ですか」/ Who ～?「誰ですか」…………………… 14・15 ページの解答

What is this?
これは何ですか。

Who is she?
彼女は誰ですか。

Point! 「何」とたずねるときは what，「誰」とたずねるときは who を使う。

what で始まる be動詞の疑問文

「～は何ですか」は〈What + be動詞の疑問文〉で表す。

これは何ですか。
What is this?
― それは写真です。
― It is a picture .
[photo / photograph]

■日本文を英語になおしましょう。

あれは何ですか。― それはかばんです。

➡ What is that? ― It's a bag.

主語thatに対応するbe動詞

memo
What isの短縮形はWhat's。

what で始まる一般動詞の疑問文

「何を～しますか」は〈What + 一般動詞の疑問文〉で表す。

あなたは何を勉強しますか。
What do you study?
― 私は英語を勉強します。
― I study English .

■日本文を英語になおしましょう。

あなたは何を飲みますか。➡ What do you drink?
― 私は水を飲みます。➡ ― I drink water .

あなたは何を読みますか。➡ What do you read?
― 私は本を読みます。➡ ― I read books .

「何」をたずねるときには，whatを使うんだ。

who で始まる be動詞の疑問文

「～は誰ですか」は〈Who + be動詞の疑問文〉で表す。

彼女は誰ですか。
Who is she?
― 彼女はメアリーです。
― She is Mary.

■日本文を英語になおしましょう。

彼は誰ですか。➡ Who is he?
― 彼はユウタです。➡ ― He's Yuta.

whoは「誰」という意味で，人をたずねるときに使うよ。

確認問題

(1) 「あなたは何を飲みますか。」という意味になるように，(　　)内の語句を並べかえましょう。
(drink / do / what / you)? ➡ What do you drink ?

(2) 日本文を英語になおしましょう。
あなたは何を料理しますか。➡ What do you cook?

(3) 相手に対して，下線部を問う疑問文を英語で書きましょう。
① I play tennis. ➡ What do you play?
② Those girls are Mika and Kaori. ➡ Who are those girls?

3 How ～?「どう～しますか」………………………………… 16・17 ページの解答

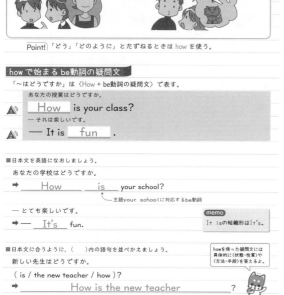

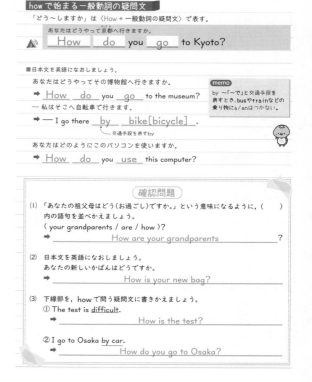

How is your mother?
あなたのお母さんはどう(お過ごし)ですか。

How do you go to Okinawa?
あなたはどうやって沖縄へ行きますか。

Point! 「どう」「どのように」とたずねるときは how を使う。

how で始まる be動詞の疑問文

「～はどうですか」は〈How + be動詞の疑問文〉で表す。

あなたの授業はどうですか。
How is your class?
― それは楽しいです。
― It is fun .

■日本文を英語になおしましょう。

あなたの学校はどうですか。

➡ How is your school?

主語your schoolに対応するbe動詞

― とても楽しいです。

➡ ― It's fun.

memo
It isの短縮形はIt's。

■日本文に合うように，(　　)内の語句を並べかえましょう。

新しい先生はどうですか。

(is / the new teacher / how)?

➡ How is the new teacher ?

howを使った疑問文には具体的に〈状態・性質〉や〈方法・手段〉を答えるよ。

how で始まる一般動詞の疑問文

「どう～しますか」は〈How + 一般動詞の疑問文〉で表す。

あなたはどうやって京都へ行きますか。
How do you go to Kyoto?

■日本文を英語になおしましょう。

あなたはどうやってその博物館へ行きますか。

➡ How do you go to the museum?

― 私はそこへ自転車で行きます。

➡ ― I go there by bike[bicycle] .

交通手段を表すby

memo
by ～「～で」と交通手段を表すとき，busやtrainなどの乗り物にa/anはつかない。

あなたはどのようにこのパソコンを使いますか。

➡ How do you use this computer?

確認問題

(1) 「あなたの祖父母はどう(お過ごし)ですか。」という意味になるように，(　　)内の語句を並べかえましょう。
(your grandparents / are / how)?
➡ How are your grandparents ?

(2) 日本文を英語になおしましょう。
あなたの新しいかばんはどうですか。
➡ How is your new bag?

(3) 下線部を，how で問う疑問文に書きかえましょう。
① The test is difficult.
➡ How is the test?
② I go to Osaka by car.
➡ How do you go to Osaka?

4 When ~?「いつ~ですか」/ Where ~?「どこで~ですか」…… 18・19 ページの解答

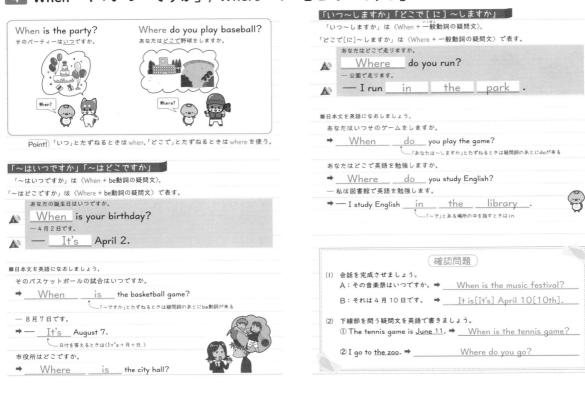

Point!「いつ」とたずねるときは when,「どこで」とたずねるときは where を使う。

「~はいつですか」「~はどこですか」

「~はいつですか」は〈When + be動詞の疑問文〉,
「~はどこですか」は〈Where + be動詞の疑問文〉で表す。

あなたの誕生日はいつですか。
When is your birthday?
— 4月2日です。
— It's April 2.

■日本文を英語になおしましょう。

そのバスケットボールの試合はいつですか。
➡ When is the basketball game?
└ 「~ですか」とたずねるときは疑問詞のあとにbe動詞が来る

— 8月7日です。
➡ — It's August 7.
└ 日付を答えるときは〈It's＋月＋日.〉

市役所はどこですか。
➡ Where is the city hall?

「いつ~しますか」「どこで[に]~しますか」

「いつ~しますか」は〈When + 一般動詞の疑問文〉,
「どこで[に]~しますか」は〈Where + 一般動詞の疑問文〉で表す。

あなたはどこで走りますか。
Where do you run?
— 公園で走ります。
— I run in the park.

■日本文を英語になおしましょう。

あなたはいつそのゲームをしますか。
➡ When do you play the game?
└ 「あなたは~しますか」とたずねるときは疑問詞のあとにdoが来る

あなたはどこで英語を勉強しますか。
➡ Where do you study English?
— 私は図書館で英語を勉強します。
➡ — I study English in the library.
└ 「~で」とある場所の中を指すときはin

確認問題

(1) 会話を完成させましょう。
A：その音楽祭はいつですか。➡ When is the music festival?
B：それは4月10日です。➡ It is[It's] April 10[10th].

(2) 下線部を問う疑問文を英語で書きましょう。
① The tennis game is June 11. ➡ When is the tennis game?
② I go to the zoo. ➡ Where do you go?

5 I want to ~「私は~したいです」………………… 20・21 ページの解答

Point!「~が欲しい」「~がしたい」と言うときは want を使う。

「私は~が欲しいです」の文

「私は~が欲しいです」は〈I want + 名詞.〉で表す。

私はクッキーが欲しいです。
I want cookies.

■日本文を英語になおしましょう。

私はピザが欲しいです。
➡ I want pizza.
└ 「~が欲しいです」と言うときはwantのあとに名詞が来る

「私は~したいです」「私は~したくありません」の文

「私は~したいです」は〈I want to＋動詞 ~.〉,「私は~をしたくありません」は
〈I do not[don't]＋want to＋動詞 ~.〉で表す。

私はクッキーを食べたいです。
I want to eat cookies.
[have]
私は英語を勉強したくないです。
I don't want to study English.

■日本文を英語になおしましょう。

私はイヌを飼いたいです。
➡ I want to have a dog.
私は車を運転したくありません。
➡ I don't want to drive a car.

memo
否定文のときは,don't[do not]
をwantの前に置く。

「あなたは~したいですか」の文

「あなたは~したいですか」は,〈Do + you + want to + 動詞 ~?〉で表す。

あなたはテレビを見たいですか。
Do you want to watch TV?

■日本文を英語になおしましょう。

あなたは本を読みたいですか。
➡ Do you want to read a book?

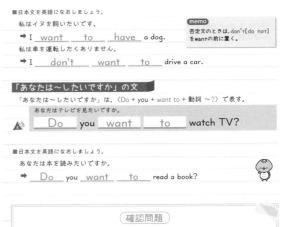

確認問題

(1) 日本文に合うように,（　）内の語句を並べかえましょう。
①私は牛乳を飲みたくありません。
(don't / to / want / milk / I / drink).
➡ I don't want to drink milk .
②あなたは家に帰りたいですか。
(home / you / do / want / go / to)?
➡ Do you want to go home ?

(2) 日本文を英語になおしましょう。
①私は走りたいです。➡ I want to run.
②あなたは泳ぎたいですか。➡ Do you want to swim?

6　How many 〜?「どれくらい / いくつ〜ですか」 ………………… 22・23 ページの解答

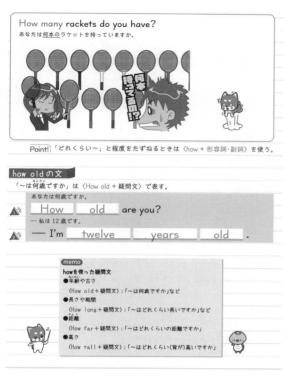

How many **rackets** do you have?
あなたは**何本の**ラケットを持っていますか。

Point!「どれくらい〜」と程度をたずねるときは〈how + 形容詞・副詞〉を使う。

how old の文
「〜は何歳ですか」は〈How old + 疑問文〉で表す。

あなたは何歳ですか。
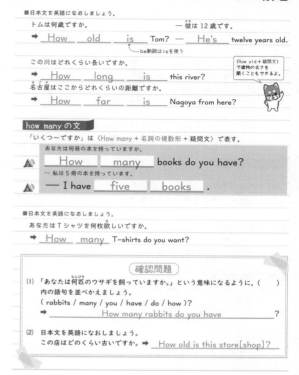
How old are you?

— 私は 12 歳です。
— I'm twelve years old .

memo
howを使った疑問文
●年齢や古さ
　〈How old + 疑問文〉：「〜は何歳ですか」など
●長さや期間
　〈How long + 疑問文〉：「〜はどれくらい長いですか」など
●距離
　〈How far + 疑問文〉：「〜はどれくらいの距離ですか」
●高さ
　〈How tall + 疑問文〉：「〜はどれくらい(背が)高いですか」

■日本文を英語になおしましょう。
トムは何歳ですか。　　　　　　　　　— 彼は 12 歳です。
→ How old is Tom? — He's twelve years old.
←be動詞はisを使う

（How old + 疑問文）で建物の古さを聞くこともできるよ。

この川はどれくらい長いですか。
→ How long is this river?

名古屋はここからどれくらいの距離ですか。
→ How far is Nagoya from here?

how many の文
「いくつ〜ですか」は〈How many + 名詞の複数形 + 疑問文〉で表す。

あなたは何冊の本を持っていますか。
How many books do you have?

— 私は 5 冊の本を持っています。
— I have five books .

■日本文を英語になおしましょう。
あなたはTシャツを何枚欲しいですか。
→ How many T-shirts do you want?

確認問題
(1)「あなたは何匹のウサギを飼っていますか。」という意味になるように、(　)内の語句を並べかえましょう。
(rabbits / many / you / have / do / how)?
→ How many rabbits do you have ?

(2) 日本文を英語になおしましょう。
この店はどのくらい古いですか。→ How old is this store[shop]?

1　名詞の単数形・複数形 ……………………………………………… 24・25 ページの解答

| 1 本の花 | 4 本の花 | 1 つのリンゴ | 5 つのリンゴ |
| a flower | four flowers | an apple | five apples |

Point! 名詞には数えられるものと数えられないものがある。
数えられる名詞は、単数と複数で形が異なる。

数えられない名詞
決まった形のないもの、目に見えないもの、人名、地名、国名などは「数えられない名詞」。

| 水 | 数学 |
| water | math |

「数えられない名詞」は、複数形にならないんだ！

■日本語を英語になおしましょう。
英語 → English　　　お金 → money

数えられる名詞① 単数
単数形の「数えられる名詞」の前には a を、母音の発音で始まるものは an を置く。

| (1 冊の)本 | (1 個の)リンゴ |
| a book | an apple |

■＿＿＿に a か an を書きましょう。
hat(帽子)　　　　　　　orange(オレンジ)
→ a hat　　　　　　　→ an orange

数えられる名詞② 複数(規則変化)
名詞を複数形にする場合、基本的には次のように変化する。

●多くの名詞 →語尾に s をつける
book(本) → books

●語尾が o, x, s, ch, sh →語尾に es をつける
bus(バス) → buses

●語尾が〈子音字 + y〉 →y を i にして es をつける
country(国) → countries

●語尾が f, fe → f, fe を v にして es をつける
leaf(葉) → leaves

※子音字とは、母音字(a, i, u, e, o)以外の文字のこと

数えられる名詞③ 複数(不規則変化)
名詞の複数形には不規則に変化するものもある。

woman(女性) → women　　child(子ども) → children

■複数形を書きましょう。
umbrella(かさ) → umbrellas　　box(箱) → boxes
tooth(歯) → teeth　　fish(魚) → fish

魚は単数形も複数形も同じだよ。

確認問題
(1) 次の中から数えられない名詞を4つ選びましょう。
bike, English, hat, Japan, milk, tomato, pencil, Yumi
→ English, Japan, milk, Yumi

(2) 日本文を英語になおしましょう。
私は水が必要です。→ I need water.

1 命令文「～しなさい」「～してください」 …………………………… 26・27 ページの解答

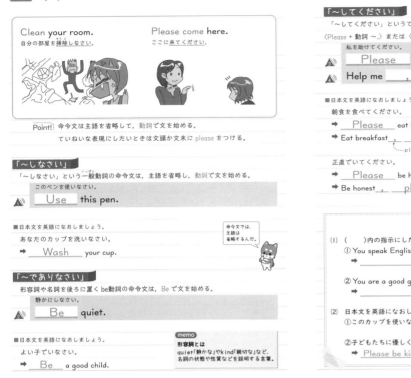

Clean your room.
自分の部屋を掃除しなさい。

Please come here.
ここに来てください。

Point! 命令文は主語を省略して、動詞で文を始める。
ていねいな表現にしたいときは文頭か文末に please をつける。

「～しなさい」

「～しなさい」という一般動詞の命令文は、主語を省略し、動詞で文を始める。

このペンを使いなさい。
△ __Use__ this pen.

■日本文を英語になおしましょう。
あなたのカップを洗いなさい。
➡ __Wash__ your cup.

命令文では、主語は省略するんだ。

「～でありなさい」

形容詞や名詞を後ろに置く be動詞の命令文は、Be で文を始める。

静かにしなさい。
△ __Be__ quiet.

■日本文を英語になおしましょう。
よい子でいなさい。
➡ __Be__ a good child.

memo
形容詞とは
quiet「静かな」や kind「親切な」など。
名詞の状態や性質などを説明する言葉。

「～してください」

「～してください」というていねいな命令文は文の前か後ろに please を加え、
〈Please ＋ 動詞 ～.〉または〈動詞 ～, please.〉と表す。

私を助けてください。
△ __Please__ help me.
△ Help me __,__ __please__ .

■日本文を英語になおしましょう。
朝食を食べてください。
➡ __Please__ eat breakfast.
➡ Eat breakfast __,__ __please__ .

please を文末に置くときは、前にコンマを忘れないでね。

please を後ろにつけるときは please の前にコンマが必要

正直でいてください。
➡ __Please__ be honest.
➡ Be honest __,__ __please__ .

確認問題

(1) (　　)内の指示にしたがって、英文を書きかえましょう。
① You speak English.（「～しなさい」という文にする）
➡ __Speak English.__

② You are a good girl.（「～でありなさい」という文にする）
➡ __Be a good girl.__

(2) 日本文を英語になおしましょう。
①このカップを使いなさい。➡ __Use this cup.__

②子どもたちに優しくしてください。
➡ __Please be kind to children [Be kind to children, please].__

---

2 What time ～?「何時に～しますか」 …………………………… 28・29 ページの解答

What time is it?
何ですか。

What time do you go to school?
あなたは何時に学校へ行きますか。

Point! 「何時」とたずねるときは what time を使う。

「何時ですか」とたずねる文

「何時ですか」とたずねるときは、〈What time is it?〉と質問する。
その質問に答えるときは、〈It is [It's] ～.〉を使って具体的な時刻を答える。

何時ですか。
△ __What__ __time__ is it?
ー 9 時です。
△ ── It's __nine__ (o'clock).

■日本文を英語になおしましょう。
今、何時ですか。➡ __What__ __time__ __is__ __it__ now?
── 8 時 30 分です。➡ ── It's __eight__ __thirty__ .

What time is it? はカタマリで覚えよう。

■時刻を英語で答えましょう。
7 時 15 分です。➡ It's __seven__ __fifteen__ .
3 時ちょうどです。➡ It's __three__ __(o'clock)__ .
「ちょうど～時」をあらわす語
5 時 40 分です。➡ It's __five__ __forty__ .

memo
時刻を答えるときは、「時」「分」の順に言う。

「何時に～しますか」とたずねる文

「何時に～しますか」とたずねるときは、〈What time ＋ 一般動詞の疑問文〉という形で
質問する。その質問に答えるときは、〈主語 ＋ 一般動詞 ～.〉で具体的な時刻を答える。

あなたは何時に夕食を食べますか。
△ __What__ __time__ do you eat dinner?
ー 私は 6 時に夕食を食べます。
△ ── I eat dinner __at__ __six__ .

■日本文を英語になおしましょう。
あなたは何時に英語を勉強しますか。
➡ __What__ __time__ __do__ __you__ study English?
「あなたは～しますか」という意味の疑問文が続く

ー 私は 8 時に英語を勉強します。
➡ ── I study English __at__ __eight__ .
「～時に」と答えるときは時刻の前に at を入れる

At six. などと時刻だけを答えることもできるよ。

確認問題

(1) 「あなたは何時に起きますか。」という意味になるように、(　　)内の語句を
並べかえましょう。
(what / you / get up / do / time)?
➡ __What time do you get up__ ?

(2) 会話を完成させましょう。
A：あなたは何時にテニスをしますか。
➡ __What time do you play tennis?__
B：私は 10 時にテニスをします。
➡ __I play tennis at ten (o'clock).__

3 What ＋名詞「何の…が〜ですか」 ・・・・・・・・・・・・・・・・・・・・・・・・・・・ 30・31 ページの解答

What sport do you play?
あなたは何のスポーツをしますか。

What song is this?
これは何という歌ですか。

Point!「何の（どのような）…が〜ですか / しますか」は
〈What ＋名詞＋疑問文〉の語順。

〈What ＋名詞＋一般動詞の疑問文〉

「主語が，何の…が〜ですか / しますか」は〈What ＋名詞＋一般動詞の疑問文〉。
その質問に答えるときは，〈主語＋一般動詞 〜．〉を使って具体的に答える。

あなたは何色が好きですか。

▲ What color do you like?

— 私は青色が好きです。

▲ — I like blue .

■日本文を英語になおしましょう。
あなたは何の食べ物が欲しいですか。

〈What ＋名詞〉で「何の〜」という意味になるんだ。

➡ What food do you want?

— 私はトーストとスープが欲しいです。

➡ — I want toast and soup.

you でたずねられたら I で答える

〈What ＋名詞＋be動詞の疑問文〉

「主語は，何の（どのような）〜ですか」は〈What ＋名詞＋be動詞の疑問文〉の語順。
その質問に答えるときは，〈主語＋be動詞 〜．〉を使って具体的に答える。

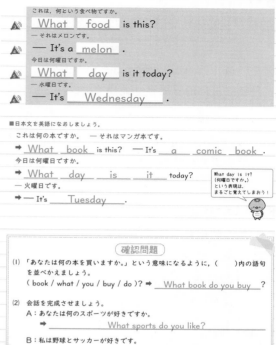

これは，何という食べ物ですか。

▲ What food is this?

— それはメロンです。

▲ — It's a melon .

今日は何曜日ですか。

▲ What day is it today?

— 水曜日です。

▲ — It's Wednesday .

■日本文を英語になおしましょう。
これは何の本ですか。 — それはマンガ本です。

➡ What book is this? — It's a comic book .

今日は何曜日ですか。

➡ What day is it today?

— 火曜日です。

What day is it?（何曜日ですか。）という表現は，まるごと覚えてしまおう！

➡ — It's Tuesday .

確認問題

(1) 「あなたは何の本を買いますか。」という意味になるように，（　）内の語句を並べかえましょう。
（ book / what / you / buy / do ）? ➡ What book do you buy ?

(2) 会話を完成させましょう。
A：あなたは何のスポーツが好きですか。
What sports do you like?

B：私は野球とサッカーが好きです。
I like baseball and soccer.

---

4 疑問詞のまとめ ・・・ 32・33 ページの解答

What is your name?
あなたの名前は何ですか。

How do you study?
どうやってあなたは勉強しますか。

Point! 疑問詞とは「何」「誰」など具体的にたずねるときの言葉で，
文頭に置いて使う。

疑問詞を使った疑問文

what, who などの疑問詞を使った疑問文は，〈疑問詞＋疑問文〉の語順。

これは何ですか。

▲ What is this?

彼は誰ですか。

▲ Who is he?

■日本文を英語になおしましょう。

1問目と2問目の空らんには疑問詞とbe動詞の短縮形が入るよ。

納豆とは何ですか。

➡ What's natto?

あの男の子は誰ですか。

➡ Who's that boy?

あなたはどうやって学校に来ますか。— バスで来ます。

➡ How do you come to school? — By bus.

あなたの野球の試合はいつですか。— 7月2日です。

➡ When is your baseball game? — It's July 2[2nd] .

あなたはどこでおどりますか。— 私は公園でおどります。

➡ Where do you dance? — I dance in[at] the park .

memo
いろいろな疑問詞
what「何」
who「誰」
when「いつ」
where「どこ」
how「どう，どのように」

〈how ＋形容詞・副詞〉の疑問文

〈How ＋形容詞・副詞＋疑問文〉で形容詞の程度（古さ，時間，距離，高さ，量など）をたずねることができる。

彼は何歳ですか。

▲ How old is he?

■日本文を英語になおしましょう。
あなたのお兄さん[弟]の身長はどれくらいですか。

➡ How tall is your brother?

あの赤いかばんはいくらですか。

➡ How much is that red bag?

あなたは毎日どれくらいの距離を走りますか。

➡ How far do you run every day?

memo
〈How ＋形容詞・副詞〉
年齢や建物の古さ→ How old
時間や距離→ How long
距離→ How far
高さ→ How tall
量→ How much
数→ How many

確認問題

(1)　　　に入る語句を　　　から選びましょう。
①駅まではどれくらい遠いですか。
➡ How far is the station?
②利根川はどれくらいの長さですか。
➡ How long is the Tonegawa?
③あなたは何匹のイヌを飼っていますか。
➡ How many dogs do you have?

How long
How far
How tall
How much
How many

(2) 下線部を問う疑問文を英語で書きましょう。
① That boy is Tsubasa. ➡ Who is[Who's] that boy?
② The park is near my school. ➡ Where is[Where's] the park?

9

along「～に沿って」

例：I want to walk along the river.
　　私は川に沿って歩きたいです。

around「～のまわりに」

例：Let's sit around the table.
　　テーブルのまわりに座りましょう。

at ＋ 場所「～に，～で」

例：I saw you at the station.
　　私は駅であなたを見かけました。

by ＋ 場所「～のそばに」

例：We live by the river.
　　私たちは川のそばに住んでいます。

from ＋ 場所「～から」

例：You can see the tower from here.
　　あなたはここからそのタワーが見えます。

in ＋ 場所・位置「～（の中）に［で，の］」

例：A lot of dogs are running in the park.
　　たくさんの犬が公園で走っています。

near「～の近くに」

例：The library is near the station.
　　その図書館は駅の近くです。

on ＋ 場所「～（の上）に［で］」

例：Meg is sitting on the chair.
　　メグはそのいすに座っているところです。

over「～をこえて」

例：My dog jumped over the rope.
　　私の犬はそのひもを飛び越えました。

under「～の下に」

例：Your bag is under your desk.
　　あなたのかばんはあなたの机の下にあります。

第 5 章 前置詞

1 前置詞 ··· 34・35 ページの解答

Apples are in this box.
リンゴはこの箱の中にあります。

I do my homework after school.
私は放課後に宿題をします。

登校　　　　　下校
学校の授業

Point! 前置詞とは，名詞［代名詞］の前に置いて，
場所や時などを表す語句を作る言葉。

〈場所〉を表す前置詞

私の本はこのかばんの中にあります。
My book is 〔 in 〕 this bag.

〈場所〉を表す前置詞が作るイメージ

at	on	in	near	from	to
～で［に］	～（の上）に	～（の中）に	～の近くに	～から	～へ

〈時〉を表す前置詞

私は日曜日に料理をします。
I cook 〔 on 〕 Sunday.

〈時〉を表す前置詞が作るイメージ

at	before	after	for	in	on
（時刻）に	～の前に	～のあとに	～の間	（年・月・季節）に	（曜日・日付）に

at ある一点
7:00　8:00　9:00　10:00　11:00　12:00
before ある時点よりも前　after ある時点よりもあと

1 January　on ある一地点
28	29	30	31	1	2	3
4	5	6	7	8	9	10
11	12	13	14	15	16	17
18	19	20	21	22	23	24
25	26	27	28	29	30	31
for ある期間
in 決められた期間，時間の中で

そのほかの前置詞

彼らは電車で来ます。
They come 〔 by 〕 train.

■日本文を英語になおしましょう。

彼はサッカー部のメンバーです。
→ He is a member 〔 of 〕 the soccer club.

私はあなたと野球をしたいです。
→ I want to play baseball 〔 with 〕 you.

私は福岡出身です。
→ I am 〔 from 〕 Fukuoka.
　　　　└……「～の出身」という意味の語

memo
さまざまな前置詞
about 「～について」
for 「～のために，～として」
of 「～の」
by 「～によって」
like 「～のような」
with 「～といっしょに」

〔be動詞＋from〕は
「～出身だ」という意味の
決まった言い方だよ。

確認問題

(1) 〔　〕に入る語句を〔　〕から選んで書き，英文を完成させましょう。

①私たちは放課後にバスケットボールをします。
→ We play basketball 〔 after 〕 school.

②あなたは冬にスキーをしたいですか。
→ Do you want to ski 〔 in 〕 winter?

③私たちは飛行機で北海道へ行きます。
→ We go 〔 to 〕 Hokkaido 〔 by 〕 plane.

| in |
| on |
| by |
| for |
| after |
| to |

(2) 「彼らは野球についての本を読みます。」という意味になるように，（　）内の語句を並べかえましょう。
(baseball / read / they / about / books).
→ They read books about baseball .

(3) 日本文を英語になおしましょう。
私は電車で学校に行きます。→ I go to school by train.

after 「～のあとに[で]」

例：Let's go to Tokyo <u>after</u> the 11th.
　　11 日のあとに東京に行きましょう。

at ＋ 時刻・年令 「～に」

例：I got up <u>at</u> six o'clock.
　　私は 6 時に起きました。

before 「～の前に[の]」

例：I want to visit Osaka <u>before</u> the 10th.
　　私は 10 日の前に大阪を訪れたいです。

during 「～の間ずっと，～の間に」

例：Let's play baseball <u>during</u> this week.
　　今週中に野球をしましょう。

for 【時間】「～の間」

例：How about practicing baseball <u>for</u> a week?
　　1 週間野球を練習しませんか。

from ＋ 時間 「～から」

例：The summer vacation is <u>from</u> the 11th.
　　夏休みは 11 日からです。

in ＋ 時間

「～に，～の間に，～後に」

例：I visited Kyoto <u>in</u> September.
　　私は 9 月に京都を訪れました。

on ＋ 日時 「～に」

例：Let's go to the zoo <u>on</u> the 10th.
　　10 日に動物園に行きましょう。

over 「～をこえて」

例：He stayed in Sendai <u>over</u> a week.
　　彼は 1 週間以上仙台に滞在しました。

to 「～まで」

例：I go <u>to</u> school from Monday to Friday.
　　私は月曜日から金曜日まで学校に行きます。

第6章 「～すること」の表現

1 like ～ing「～することが好きです」 ································ 36・37 ページの解答

11

2 be good at 〜ing 「〜することが得意です」 ……………………… 38・39 ページの解答

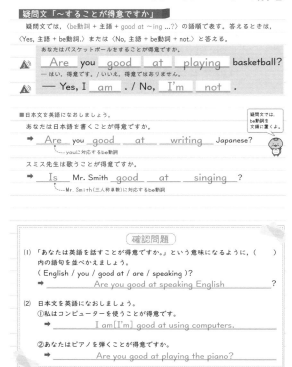

Point! 「〜することが得意です」は〈be動詞 + good at 〜ing〉で表す。

肯定文 「〜することが得意です」

「〜することが得意です」は〈be動詞 + good at 〜ing〉で表す。

あなたはバスケットボールをすることが得意です。

⚠ You <u>are</u> <u>good</u> <u>at</u> <u>playing</u> basketball.

■日本文を英語になおしましょう。

私は料理をすることが得意です。

memo
主語とbe動詞の関係
I → am
you / we / they → are
he / she / it → is

➡ I <u>am</u> <u>good</u> <u>at</u> <u>cooking</u> .

否定文 「〜することが得意ではありません」

否定文では、〈主語 + be動詞 + not + good at 〜ing ... .〉の語順で表す。

あなたはバスケットボールをすることが得意ではありません。

⚠ You <u>are</u> <u>not</u> <u>good</u> <u>at</u> <u>playing</u> basketball.

■日本文を英語になおしましょう。

彼らはギターを弾くことが得意ではありません。

否定文ではbe動詞に
notをつけるんだ。

➡ They <u>aren't</u> <u>good</u> <u>at</u> <u>playing</u> the guitar.
　　　　 └--are notの短縮形

疑問文 「〜することが得意ですか」

疑問文では、〈be動詞 + 主語 + good at 〜ing ...?〉の語順で表す。答えるときは、〈Yes, 主語 + be動詞.〉または〈No, 主語 + be動詞 + not.〉と答える。

あなたはバスケットボールをすることが得意ですか。

⚠ <u>Are</u> <u>you</u> <u>good</u> <u>at</u> <u>playing</u> basketball?

― はい、得意です。/ いいえ、得意ではありません。

⚠ ― Yes, I <u>am</u> . / No, <u>I'm</u> <u>not</u> .

■日本文を英語になおしましょう。

あなたは日本語を書くことが得意ですか。

疑問文では、
be動詞を
文頭に置くよ。

➡ <u>Are</u> <u>you</u> <u>good</u> <u>at</u> <u>writing</u> Japanese?
　　　　　　└youに対応するbe動詞

スミス先生は歌うことが得意ですか。

➡ <u>Is</u> Mr. Smith <u>good</u> <u>at</u> <u>singing</u> ?
　　　└--Mr. Smith(三人称単数)に対応するbe動詞

確認問題

(1) 「あなたは英語を話すことが得意ですか。」という意味になるように、（　　）内の語句を並べかえましょう。

(English / you / good at / are / speaking)?

➡ <u>Are you good at speaking English</u> ?

(2) 日本文を英語になおしましょう。

①私はコンピューターを使うことが得意です。

<u>I am[I'm] good at using computers.</u>

②あなたはピアノを弾くことが得意ですか。

<u>Are you good at playing the piano?</u>

解説 ④ 動名詞の ing形と進行形の ing形

動名詞の ing形 → 「〜すること」
進行形の ing形 → 「〜しているところです」

　動名詞の ing 形と進行形の ing 形は同じ形ですが、それぞれの違いは何でしょうか。動名詞の ing 形は「〜すること」という名詞の働きをします。それに対して、進行形の ing 形は be 動詞のあとについて、「〜しているところです」という意味の動詞です。

▶動名詞の ing 形

例① Jim is good at <u>playing</u> tennis.
　　ジムはテニスをするのが上手です。

　〈be動詞 + good at + 名詞〉で「〜が上手だ、得意だ」という意味です。ここでは、名詞の代わりに動名詞 playing「（競技・ゲームなどを）すること」を使って、「テニスをすることが上手だ」と言っています。

例② I enjoy <u>listening</u> to music.
　　私は音楽を聞くことを楽しみます。

　〈動詞 enjoy + 動名詞 〜ing〉で「〜することを楽しむ」という意味です。動名詞 listening は動詞 enjoy の目的語になっています。

例③ <u>Swimming</u> is fun.
　　泳ぐことは楽しいです。

　動名詞は主語にもなります。この文では、Swimming「泳ぐこと」が主語になっています。

▶進行形の ing 形

例④ We are <u>reading</u> a book.
　　私たちは本を読んでいるところです。

例⑤ He is <u>making</u> pizza.
　　彼はピザを作っているところです。

　上の文の are と下の文の is は、それぞれ主語の We「私たちは」と He「彼は」に対する be動詞です。このように be動詞のうしろにくる ing 形は、進行形の ing 形です。

I play the guitar.
私はギターを弾きます。

He plays the guitar.
彼はギターを弾きます。

Point! 動詞の形は主語によって変化する。

人称とは

人称とは、「話し手(自分)」「聞き手(相手)」「それ以外」の役割を示すもの。

一人称	二人称	三人称
I	you	he
話し手(自分)	聞き手(相手)	話し手(自分),聞き手(相手)以外
I(私)	you(あなた)	左記(一人称,二人称)以外
we(私たち)	you(あなたたち)	

三人称単数とは

三人称単数とは、I と you 以外の 1 人の人・1 つのものをいう。

> 自分と相手以外の
> 「1 つのもの・人」が
> 三人称単数だ!

〈例〉

he	she	it	Tom	my cat	this pen
彼	彼女	それ	トム	私のネコ	このペン

■三人称単数の名詞を選び、( )に○を書きましょう。

(○)a desk　(○)his sister　(○)the dog　( )those books
( )they　(○)Kenta　( )we　(○)your mother

三人称単数現在形の動詞①　基本の変化形

主語が he, she などの三人称単数の文では、一般動詞の語尾に s をつける。

彼はバスケットボールをします。

He __plays__ basketball.

三人称単数現在形の動詞②　それ以外の変化

watch, study, have などの一般動詞には、いくつかの変化のパターンがある。

彼女は理科を勉強します。

She __studies__ science.

〈三人称単数現在形の s / es のつけ方〉

	動詞の原形(もとの形)	-(e)s の形
そのままsをつける	play((スポーツなど)をする、遊ぶ)	plays
語尾に es をつける	watch (〜を見る)、go (行く)	watches, goes
y を i にして es をつける	study (〜を勉強する)	studies
不規則に変化する	have (〜を持っている、〜を食べる、〜を飼っている)	has

確認問題

(1) 次の一般動詞を三人称単数が主語のときの形に書きかえましょう。
① make → __makes__　② do → __does__　③ study → __studies__
④ touch → __touches__　⑤ try → __tries__　⑥ have → __has__

(2) 三人称単数現在の文を選び、( )に○を書きましょう。
①(○) George likes baseball.　②( ) Satoru and Aya play tennis.
③( ) We study English.　④(○) My family goes to America.

(3) 正しいほうに○をつけましょう。
① You ((run)/ runs) fast.　② They ((know)/ knows) the news.
③ Your mother (make /(makes)) dinner.　④ That singer (sing /(sings)) a new song.
⑤ She (come /(comes)) from America.　⑥ The party (start /(starts)) at seven.

He lives in Tokyo.
彼は東京に住んでいます。

She does not live in Tokyo.
彼女は東京に住んでいません。

Point! 一般動詞の文で、主語が三人称単数の場合は動詞の形が変化する。

三人称単数現在形の肯定文

一般動詞の文で、主語が he や she などの三人称単数のときは動詞に s をつける。
一部の動詞では、語尾に es をつける、語尾の y を i にして es をつける、
不規則に変化するなど、変化の仕方にいくつかのパターンがある。

彼はバスケットボールをします。

He __plays__ basketball.

〈一般動詞の変化〉

	動詞の原形(もとの形)	-(e)s の形
そのままsをつける	play((スポーツなど)をする、遊ぶ)	plays
語尾に es をつける	watch(〜を見る)、go(行く)	watches, goes
y を i にして es をつける	study(〜を勉強する)	studies
不規則に変化する	have(〜を持っている、〜を食べる、〜を飼っている)	has

■日本文を英語になおしましょう。

あの男性は英語を話します。

→ That man __speaks__ English.

> 主語が「三人称単数」のときは
> 動詞にsやesをつけることを
> 忘れないでね!

私の父は皿を洗います。

→ My father __washes__ the dishes.

サトシは数学を勉強します。

→ Satoshi __studies__ math.

三人称単数現在形の否定文

否定文では、動詞の前に does not[doesn't] を置き、動詞は原形に戻す。

彼女は音楽を教えていません。

She __does__ __not__ teach music.

■日本文を英語になおしましょう。

> 否定文では、動詞は
> 必ず原形を使うよ。

私のいとこはネコを飼っていません。

→ My cousin __does__ __not__ __have__ a cat.

彼はテレビを見ません。

→ He __doesn't__ __watch__ TV.
　　　　does not の短縮形

私の妹はピアノを弾きません。

→ My sister __doesn't__ __play__ the piano.

> memo
> does not = doesn't

確認問題

(1) 「このネコは魚を食べません。」という意味になるように、( )内の語句を並べかえましょう。

(does / this cat / not / fish / eat).
→ __This cat does not eat fish__ .

(2) ( )内の指示にしたがって、英文を書きかえましょう。
① I have two dogs. (下線部を「彼は」に変える)
→ __He has two dogs.__

② They make breakfast. (下線部を「私の弟は」に変える)
→ __My brother makes breakfast.__

(3) 日本文を英語になおしましょう。
彼女は野球が好きではありません。
→ __She does not[doesn't] like baseball.__

He plays baseball.
彼は野球をします。

Does he play baseball?
彼は野球をしますか。

Point! 主語が三人称単数の疑問文では，〈Does + 主語〉で文を始め，動詞は原形にする。

三人称単数現在形の疑問文

主語が三人称単数の一般動詞の疑問文は，〈Does + 主語 + 動詞 ～?〉の語順。疑問文では，動詞は原形にする。

彼は映画を見ますか。

<u>Does</u> he <u>watch</u> movies?
　　　　　[see]

■日本文を英語になおしましょう。

彼は私の兄を知っていますか。

➡ <u>Does</u> he <u>know</u> my brother?
　　　　　　↑疑問文では動詞は原形

あなたのお母さんは日本語を勉強していますか。

➡ <u>Does</u> your mother <u>study</u> Japanese?

memo
三人称単数現在形の疑問文では，文頭にDoesを置き，動詞を原形にする。

He watches movies.
　　　↓
Does he watch movies?

have[has] a coldで「風邪をひいている」だよ。

■疑問文に書きかえましょう

Ms. Sasaki has a cold.

➡ <u>Does</u> <u>Ms.</u> <u>Sasaki</u> <u>have</u> <u>a</u> <u>cold</u> <u>?</u>
　　　　　　　　　　　　　　疑問文の最後は「?」

三人称単数現在形の疑問文への答え方

〈Does + 主語 + 動詞 ～?〉「…は～しますか」に答えるときも does を使う。

彼は映画を見ますか。

Does he watch movies?

— はい，(彼は)見ます。/ いいえ，(彼は)見ません。

 — Yes, he <u>does</u> . / No, he <u>doesn't</u> .

■日本文を英語になおしましょう。

あなたの弟は泳ぎますか。 ➡ <u>Does</u> your brother <u>swim</u> ?

— はい，(彼は)泳ぎます。 ➡ — <u>Yes</u> , he <u>does</u> .

彼女は皿を洗いますか。 ➡ <u>Does</u> she <u>wash</u> the dishes?

— いいえ，(彼女は)洗いません。 ➡ — <u>No</u> , she <u>doesn't</u> .

彼は絵をかきますか。 ➡ <u>Does</u> he <u>draw</u> pictures?

— はい，(彼は)かきます。 ➡ — <u>Yes</u> , he <u>does</u> .

（確認問題）

(1) （　　）内の指示にしたがって，英文を書きかえましょう。

① Aki has a sister.（疑問文に）

➡ 　　　　　　Does Aki have a sister?

② Do you read comics?（下線部を「あなたのお姉さん」に変える）

➡ 　　　　Does your sister read comics?

(2) 日本文を英語になおしましょう。

①彼は音楽が好きですか。 ➡ 　　　Does he like music?

②あなたの妹は牛乳を飲みますか。 ➡ Does your sister drink milk?

This is my bike.
これは私の自転車です。

This is your bike.
これはあなたの自転車です。

This is his bike.
これは彼の自転車です。

Point!「～の」と所有(持ち主)を表す語を所有格という。

人称代名詞の所有格の文① 肯定文

持ち主を表す代名詞(＝所有格)は，名詞の前に置き，「～の」という意味を表す。

これは彼女のペンです。

This is <u>her</u> pen.

〈人称代名詞の所有格〉

私	あなた	彼	彼女	それ	私たち	あなたたち	彼ら，彼女ら，それら
my	your	his	her	its	our	your	their

■日本文を英語になおしましょう。

これは私の本です。 ➡ This is <u>my</u> book.

あれは私たちの家です。 ➡ That is <u>our</u> house.

これは彼のカメラです。 ➡ This is <u>his</u> camera.

人称代名詞の所有格の文② 否定文

人称代名詞は，否定文でも肯定文と形は変わらない。

これは彼女のペンではありません。

This is not <u>her</u> pen.

■日本文を英語になおしましょう。

これはあなたの辞書ではありません。

➡ This is not <u>your</u> dictionary.

人称代名詞の所有格の文③ 疑問文

人称代名詞は，疑問文でも肯定文と形は変わらない。

これは彼女のペンですか。

Is this <u>her</u> pen?

■日本文を英語になおしましょう。

あの男性はあなたたちの先生ですか。

➡ Is that man <u>your</u> teacher?

これは彼らのネコですか。

➡ Is this <u>their</u> cat?

「あなたの」「あなたたちの」はどちらもyourだよ。

（確認問題）

(1) 下線部を正しい形の代名詞になおしましょう。

① That boy is <u>he</u> brother. ➡ 　　That boy is his brother.

② These are <u>they</u> desks. ➡ 　　These are their desks.

③ Those are <u>we</u> T-shirts. ➡ 　　Those are our T-shirts.

(2) 日本文を英語になおしましょう。

①これは私の昼食です。 ➡ 　　　This is my lunch.

②あれはあなたのイヌですか。 ➡ 　　Is that your dog?

③あなたは彼女の妹ですか。 ➡ 　　Are you her sister?

2 人称代名詞の目的格 ·· 48・49 ページの解答

I know him.
私は彼を知っています。

I know them.
私は彼らを知っています。

I know it.
私はそれを知っています。

知っています！

Point!「〜を、〜に」と動詞の目的語になる語を目的格という。

人称代名詞の目的格の文

動詞の目的語となる代名詞（＝目的格）は、動詞や前置詞の後ろに置き、「〜を[に]」という意味を表す。

私は彼女を助けます。

⚠ I help ___her___ .

〈人称代名詞の目的格〉

私	あなた	彼	彼女	それ	私たち	あなたたち	彼ら、彼女ら、それら
me	you	him	her	it	us	you	them

■日本文を英語になおしましょう。

私たちは彼が好きです。

➡ We like ___him___ .

memo
you「あなた」、you「あなたたち」、it「それ」は、主格（主語になる形）と目的格の形が同じなので注意。

マイは私たちと勉強します。

➡ Mai studies with ___us___ .

■空らんに適する代名詞を入れて、文を完成させましょう。

➡ Ken and Maria are my classmates. Do you know ___them___ ?

代名詞以外の目的格

代名詞以外の場合の目的格（普通名詞 pen や固有名詞 Emi など）は、主格と同じ形を用いる。

私はエミが好きです。

⚠ I like ___Emi___ .

■日本文を英語になおしましょう。

私はケン(Ken)のために本を読みます。

➡ I read books for ___Ken___ .

あなたはイチゴが好きですか。

➡ Do you like ___strawberries___ ?

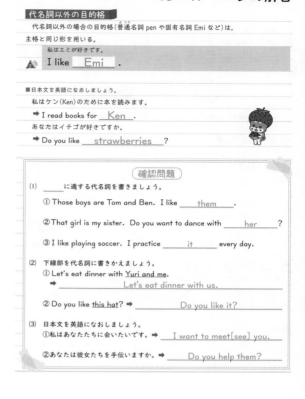

確認問題

(1) ___ に適する代名詞を書きましょう。

① Those boys are Tom and Ben. I like ___them___ .

② That girl is my sister. Do you want to dance with ___her___ ?

③ I like playing soccer. I practice ___it___ every day.

(2) 下線部を代名詞に書きかえましょう。

① Let's eat dinner with <u>Yuri and me</u>. ➡ Let's eat dinner with us.

② Do you like <u>this hat</u>? ➡ Do you like it?

(3) 日本文を英語になおしましょう。

①私はあなたたちに会いたいです。➡ I want to meet[see] you.

②あなたは彼女たちを手伝いますか。➡ Do you help them?

---

3 Which 〜?「どちらが〜ですか」 ································· 50・51 ページの解答

Which train goes to Kyoto?
どの電車が京都に行きますか。

大阪　神戸　京都

Point!疑問詞 which は「どの」「どちらの」とたずねるときに使う。

〈Which＋名詞＋be動詞の疑問文〉

「どの[どちらの]…が〜ですか」は、〈Which＋名詞＋be動詞の疑問文〉の語順。

どの家があなたのものですか。

⚠ ___Which___ ___house___ is yours?

—あの白い家です。

⚠ — ___That___ ___white___ ___one___ is.

■日本文を英語になおしましょう。

どのかばんがあなたのものですか。

➡ ___Which___ ___bag___ is yours?

—この黒いかばんです。

➡ — ___This___ ___black___ ___one___ is.

memo
whichでたずねられたら、YesやNoではなく、たずねられた範囲の〈もの・こと〉を具体的に答える。

bagのくり返しをさけるための代名詞

〈Which＋名詞＋一般動詞の疑問文〉

「どの[どちらの]…が〜しますか」は、〈Which＋名詞＋一般動詞の疑問文〉の語順。

あなたはどの色が好きですか。

⚠ ___Which___ ___color___ do you like?

—私は赤が好きです。

⚠ — I like ___red___ .

■日本文を英語になおしましょう。

あなたはどちらの本を読みますか。

➡ ___Which___ ___book___ do you read?

限られた範囲から何かを選ぶときはwhichを使う

〈Which(＋名詞)＋疑問文，A or B?〉

「AとBではどちらが〜ですか」とたずねるときは、〈Which 〜，A or B?〉の語順。

あなたはイヌとネコのどちらが好きですか。

⚠ ___Which___ do you like, dogs ___or___ cats?

—私はネコが好きです。

⚠ — I like ___cats___ .

■日本文を英語になおしましょう。

あなたはピザとスパゲッティのどちらが好きですか。

➡ ___Which___ ___do___ ___you___ ___like___ , pizza ___or___ spaghetti?

2つのものを比べるときは、比べるものの間をorでつなぐ

確認問題

(1) 「あなたは野球とサッカーのどちらのスポーツをしますか。」という意味になるように、( )内の語句を並べかえましょう。

(baseball / sport / you / which / soccer / do / play, / or)?

➡ ___Which sport do you play, baseball or soccer___ ?

(2) 日本文を英語になおしましょう。

①どちらのカップがあなたのものですか。

➡ ___Which cup is yours?___

②あなたはご飯とパンのどちらが好きですか。

➡ ___Which do you like, rice or bread?___

4 Whose ～?「誰の～ですか」 ·· 52・53 ページの解答

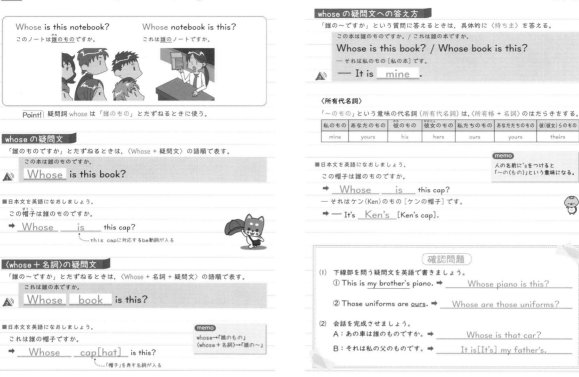

Whose is this notebook?
このノートは誰のものですか。

Whose notebook is this?
これは誰のノートですか。

Point! 疑問詞 whose は「誰のもの」とたずねるときに使う。

whose の疑問文

「誰のものですか」とたずねるときは，〈Whose + 疑問文〉の語順で表す。

この本は誰のものですか。

🔊 __Whose__ is this book?

■日本文を英語になおしましょう。

この帽子は誰のものですか。

➡ __Whose__ __is__ this cap?
　　　　　　└ this cap に対応する be 動詞が入る

〈whose + 名詞〉の疑問文

「誰の～ですか」とたずねるときは，〈Whose + 名詞 + 疑問文〉の語順で表す。

これは誰の本ですか。

🔊 __Whose__ __book__ is this?

■日本文を英語になおしましょう。

これは誰の帽子ですか。

> **memo**
> whose →「誰のもの」
> 〈whose + 名詞〉→「誰の～」

➡ __Whose__ __cap[hat]__ is this?
　　　　　　　└「帽子」を表す名詞が入る

whose の疑問文への答え方

「誰の～ですか」という質問に答えるときは，具体的に〈持ち主〉を答える。

この本は誰のものですか。/ これは誰の本ですか。

Whose is this book? / Whose book is this?

— それは私のもの[私の本]です。

🔊 — It is __mine__ .

〈所有代名詞〉

「～のもの」という意味の代名詞(所有代名詞)は，〈所有格 + 名詞〉のはたらきをする。

私のもの	あなたのもの	彼のもの	彼女のもの	私たちのもの	あなたたちのもの	彼(彼女)らのもの
mine	yours	his	hers	ours	yours	theirs

■日本文を英語になおしましょう。

この帽子は誰のものですか。

> **memo**
> 人の名前に's をつけると
> 「～の(もの)」という意味になる。

➡ __Whose__ __is__ this cap?

— それはケン(Ken)のもの[ケンの帽子]です。

➡ — It's __Ken's__ [Ken's cap].

確認問題

(1) 下線部を問う疑問文を英語で書きましょう。

① This is my brother's piano. ➡ __Whose piano is this?__

② Those uniforms are ours. ➡ __Whose are those uniforms?__

(2) 会話を完成させましょう。

A:あの車は誰のものですか。 ➡ __Whose is that car?__

B:それは私の父のものです。 ➡ __It is[It's] my father's.__

1「～しています」「～していません」 ···························· 54・55 ページの解答

He takes a bath.
彼は(ふだん)入浴します。

He is taking a bath.
彼は(今)入浴しています。

Point! 今まさに進行中の動作についていうときは現在進行形を使う。

現在進行形「～しています」の肯定文・否定文

「～しています」と，今まさに進行中の動作を表すときは，現在進行形〈be 動詞 + 動詞の ing 形〉を使う。否定文にするときは，be 動詞のあとに not を置く。

私は今，公園を走っています。

🔊 I __am__ __running__ in the park now.

私は，本を読んでいません。

🔊 I __am__ __not__ __reading__ a book.

〈動詞の ing 形の作り方〉

動詞の種類	動詞の ing 形の作り方	原形→動詞の ing 形
多くの動詞	後ろに ing をつける	play((スポーツなど) をする) → **playing** talk(話す) → **talking**
語尾が e	e をとって ing をつける	write(～を書く) → **writing** take(～をとる) → **taking**
run など	最後の文字を重ねて ing をつける	run(走る) → **running** swim(泳ぐ) → **swimming**

■日本文を英語になおしましょう。

私たちはテレビを見ています。

> **memo**
> 次のような状態を表す動詞は
> 現在進行形にしない。
> like(～を好む),believe(～を信じる)
> wish(～を望む),know(～を知っている)
> have(～を持っている)
> ※have は「～を食べる」の意味で使うときは，
> 例外的に現在進行形として
> 使うことができる。

➡ We __are__ __watching__ TV.

私は泳いでいません。

➡ I __am__ __not__ __swimming__ .

現在進行形「～しています」の疑問文

現在進行形の文を疑問文にするときは，〈be 動詞 + 主語 + 動詞の ing 形 ～?〉の語順で表す。この質問に答えるときは，Yes か No と be 動詞を使って答える。

あなたは本を読んでいますか。

🔊 __Are__ __you__ __reading__ a book?

— はい，読んでいます。/ いいえ，読んでいません。

🔊 — Yes, __I__ __am__ . / No, __I'm__ __not__ .

■日本文を英語になおしましょう。

その赤ちゃんは眠っていますか。

➡ __Is__ the baby __sleeping__ ?
　└ 疑問文にするときは be 動詞を文頭に置く

確認問題

(1) 動詞を ing 形になおしましょう。

use ➡ __using__　　wash ➡ __washing__　　get ➡ __getting__

come ➡ __coming__　　stop ➡ __stopping__　　see ➡ __seeing__

(2)「私のネコたちは今，夕食を食べています。」という意味になるように，(　　)内の語句を並べかえましょう。

(eating / are / my cats / their dinner) now.

➡ __My cats are eating their dinner__ now.

(3) 日本文を英語になおしましょう。
① 彼女は皿を洗っていません。

➡ __She is not[isn't] washing the dishes.__

② 彼らは公園を歩いていますか。

➡ __Are they walking in the park?__

2 How 〜! / What 〜!「何て〜だ!」 ………………………… **56・57 ページの解答**

How fast!
何て速いんだ!

What a beautiful flower!
何て美しい花なんだ!

違い!!

Point! 驚きや感動を表す文を感嘆文といい, how や what を使って表現する。

感嘆文① 「何て〜だ!」

「何て〜だ!」という感嘆文の表現は 〈How + 形容詞 [副詞]!〉 または
〈What (a[an]) + 形容詞 + 名詞!〉 で表す。

何て美しいんだ!
　 How beautiful!

何てかわいいネコなんだ!
　 What 　 **a** 　 cute cat!

■日本文を英語になおしましょう。

何ておいしいんだ!
➡ 　 **How** 　 delicious!
　　　└ 文に名詞を含むかどうかでhowかwhatのどちらが入るかわかる

何て頭のいい男の子なんだ!
➡ **What** a smart boy!

■英文を日本語になおしましょう。

What a big dog! ➡ 　 何て大きいイヌなんだ!
How cold! ➡ 　 何て寒いんだ!

感嘆文② 「…は何て〜だ!」

驚きや感動の対象や動作を明確にするため, 文末に〈主語 + 動詞〉を置き,
〈How + 形容詞 [副詞] + 主語 + 動詞!〉 または
〈What (a[an]) + 形容詞 + 名詞 + 主語 + 動詞!〉 と表現することもできる。

彼は何て優しいんだ!
　 How nice 　 **he** 　 **is** 　!

彼女は何てかわいいシャツを着ているんだ!
　 What a cute shirt 　 **she** 　 **wears** 　!

■日本文を英語になおしましょう。
> 日本文に合う「主語+動詞」を考えよう!

彼女は何て速く走るんだ!
➡ 　 **How** 　 fast 　 **she** 　 **runs** 　!

彼は何てすばらしい医者なんだ!
➡ 　 **What** 　 a great doctor 　 **he** 　 **is** 　!

確認問題

(1) 「彼は何ておもしろい本を書くんだ!」という意味になるように, ( ) 内の語句を並べかえましょう。
(book / he / interesting / what / writes / an)!
➡ 　 What an interesting book he writes 　!

(2) 日本文を英語になおしましょう。
① 何て背が高いんだ! ➡ 　 How tall!
② 何て長い歌なんだ! ➡ 　 What a long song!

(3) how の文は what の文に, what の文は how の文に書きかえましょう。
① How heavy this bag is! ➡ 　 What a heavy bag this is!
② What a high mountain that is! ➡ 　 How high that mountain is!

解説 ⑤ 現在形と現在進行形

> 現在形 　　　 →現在の習慣, 状態
> 現在進行形 →現在行われている動作

現在形と現在進行形はどちらも現在のことを話しています。それでも, この 2 つには意味に大きな違いがあります。

現在形は「現在の『習慣や状態』」について話すとき, 現在進行形は「現在『行われている動作』」について話すときに使われます。

▶現在形

「現在の『習慣や状態』」を表すというのはどういうことなのか, 見てみましょう。

例① I walk to the station.
　　　私は駅まで歩きます。

上の文では, I「私」は「いつも駅まで歩いている」ことを表してはいますが, 「いま, 駅に向かって歩いているところ」ではありません。

例： I eat eggs for breakfast.
　　　私は朝食に卵を食べます。

この場合も, I「私」は「いつも朝食に卵を食べる」ことを表していますが, 「いま, 卵を食べている」わけではないのです。

▶現在進行形

「現在『行われている動作』」については, もうわかりますね。

例： I'm walking to the station.
　　　私は駅まで歩いているところです。

I「私」は「いま, 駅に向かって歩いているところ」と言っており, 駅に向かって歩いている動作を表しています。

例： I'm eating eggs for breakfast.
　　　私は朝食に卵を食べているところです。

I「私」は「いま, 卵を食べているところ」と言っており, 朝食で, いままさに卵をほおばっているところを表しています。

I want to dance.
私は<u>おどりたい</u>です。

I try to speak English more.
私はもっと英語を<u>話そうと</u><u>(努力)</u>しています。

I need to study hard.
私は一生懸命勉強を<u>しなければなりません</u>。

〜したい　　　〜しようとする(試みる,努力する)　　　〜する必要がある

Point!　〈to + 動詞の原形〉の前に, want をつけると「〜したい」,
　　　try をつけると「〜しようとする(試みる, 努力する)」,
　　　need をつけると「〜する必要がある」という意味になる。

「〜したい」の文

「〜したい」は〈want to + 動詞の原形〉で表す。

彼はそのゲームをしたいです。

He <u>wants</u> <u>to</u> <u>play</u> the game.

■日本文を英語になおしましょう。
私の母は京都を旅行したいです。

→ My mother <u>wants</u> <u>to</u> <u>travel</u> in Kyoto.

主語が三人称単数でも〈to + 動詞の原形〉の形は変わらないよ！

私はその本を読みたくありません。

→ I <u>don't</u> <u>want</u> <u>to</u> <u>read</u> the book.
└‥‥‥‥ 否定文の場合は動詞の前にdon'tを置く

「〜しようとする」

「〜しようとする(試みる, 努力する)」は〈try to + 動詞の原形〉で表す。

彼女は私を止めようとします。

She <u>tries</u> <u>to</u> <u>stop</u> me.

彼はピアノを弾こうとします。

→ He <u>tries</u> <u>to</u> <u>play</u> the piano.

tryの三人称単数現在形はtriesだ！

あなたの妹は日本語を話そうとしていますか。

→ <u>Does</u> your sister <u>try</u> <u>to</u> <u>speak</u> Japanese?

「〜する必要がある」

「〜する必要がある」は〈need to + 動詞の原形〉で表す。

私は宿題を終わらせる必要があります。

I <u>need</u> <u>to</u> <u>finish</u> my homework.

■日本文を英語になおしましょう。
彼女は図書館に行く必要があります。

→ She <u>needs</u> <u>to</u> <u>go</u> to the library.

私の父は車を洗う必要がありません。

→ My father <u>doesn't</u> <u>need</u> <u>to</u> <u>wash</u> the car.

確認問題

(1) (　　　)内の指示にしたがって, 英文を書きかえましょう。
　① I want to make dinner. (否定文に)
　→ <u>I don't[do not] want to make dinner.</u>

　② She needs to clean the kitchen. (疑問文に)
　→ <u>Does she need to clean the kitchen?</u>

(2) 日本文を英語になおしましょう。
　①私はテレビを見たいです。→ <u>I want to watch TV.</u>

　②彼は英語の本を読もうとしています。
　→ <u>He tries to read an English book.</u>

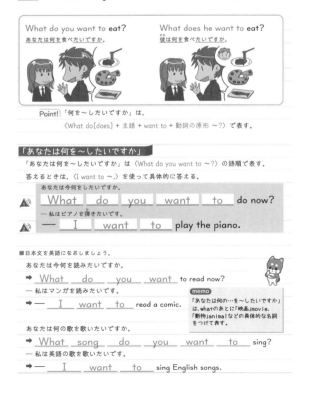

What do you want to eat?
あなたは何を食べたいですか。

What does he want to eat?
彼は何を食べたいですか。

Point!　「何を〜したいですか」は,
　　〈What do[does] + 主語 + want to + 動詞の原形 ～?〉で表す。

「あなたは何を〜したいですか」

「あなたは何を〜したいですか」は〈What do you want to ～?〉の語順で表す。
答えるときは, 〈I want to ～.〉を使って具体的に答える。

あなたは今何をしたいですか。

What <u>do</u> <u>you</u> <u>want</u> <u>to</u> do now?

― 私はピアノを弾きたいです。

― <u>I</u> <u>want</u> <u>to</u> play the piano.

■日本文を英語になおしましょう。
あなたは今何を読みたいですか。

→ <u>What</u> <u>do</u> <u>you</u> <u>want</u> to read now?

― 私はマンガを読みたいです。

→ ― <u>I</u> <u>want</u> <u>to</u> read a comic.

memo
「あなたは何の…を〜したいですか」は, whatのあとに「映画」movie.「動物」animalなどの具体的な名詞をつけて表す。

あなたは何の歌を歌いたいですか。

→ <u>What</u> <u>song</u> <u>do</u> <u>you</u> <u>want</u> <u>to</u> sing?

― 私は英語の歌を歌いたいです。

→ ― <u>I</u> <u>want</u> <u>to</u> sing English songs.

「…は何を〜したいですか」

主語が三人称単数のときは, 疑問文では do の形を変え,
答えの文では want の形を変える。

彼は何を作りたいですか。

<u>What</u> <u>does</u> <u>he</u> <u>want</u> <u>to</u> cook?

― 彼はスパゲッティを作りたいです。

― <u>He</u> <u>wants</u> <u>to</u> cook spaghetti.

■日本文を英語になおしましょう。
彼女は何を食べたいですか。

→ <u>What</u> <u>does</u> <u>she</u> <u>want</u> <u>to</u> eat?
└ 主語が三人称単数の場合,疑問文ではdoをdoesにする

― 彼女はハンバーガーが食べたいです。

→ ― <u>She</u> <u>wants</u> <u>to</u> eat a hamburger.

主語が変わっても〈to + 動詞の原形〉の部分は同じだ！

確認問題

(1) 下線部を問う疑問文を作りましょう。
　① Dick wants to buy <u>a book</u>.
　→ What <u>does Dick want to buy</u> ?

　② Your sister wants to make <u>a cake</u>.
　→ What <u>does your sister want to make</u> ?

(2) 日本文を英語になおしましょう。
　①あなたは何を飲みたいですか。
　→ <u>What do you want to drink?</u>

　②彼女は何の映画を見たいですか。
　→ <u>What movie does she want to see[watch]?</u>

You look happy.
あなたは<u>幸せ</u>そうに見えます。

It looks delicious.
それは<u>おいしそう</u>に見えます。

> Point!「～（そう）に見える」は〈look＋形容詞〉で表す。

〈look＋形容詞〉の文
「～に見えます」は〈look＋形容詞〉で表す。
あなたは悲しそうに見えます。
You ［ look ］ ［ sad ］.

■日本文を英語になおしましょう。
あなたは、のどがかわいているように見えます。
➡ You ＿look＿ ＿thirsty＿ .
彼らは疲れて見えますか。
➡ ＿Do＿ they ＿look＿ ＿tired＿ ?

memo
〈look＋形容詞〉は、外見的な判断を表す。
look sad「悲しそうに見える」
look happy「幸せそうに見える」
look sleepy「眠そうに見える」
look busy「忙しそうに見える」
look delicious「おいしそうに見える」

■日本文に合うように、（ ）内の語句を並べかえましょう。
あなたたちはお腹がすいているようには見えません。
You (hungry / don't / look).
➡ You ＿＿＿don't look hungry＿＿＿ .
私はどのように見えますか。
How (do / look / I)?
➡ How ＿＿＿do I look＿＿＿ ?

疑問詞howは
「どう、どのように」
という意味だね。

〈look＋形容詞〉の文（主語が三人称単数の場合）
主語が三人称単数のときは、lookの形を変えて〈looks＋形容詞〉で表す。
私の赤ちゃんは幸せそうに見えます。
My baby ［ looks ］ ［ happy ］.

■日本文を英語になおしましょう。
あなたのお母さんは忙しそうに見えます。
➡ Your mother ＿looks＿ ＿busy＿ .
このピザはおいしそうには見えません。
➡ This pizza ＿doesn't＿ ＿look＿ ＿delicious＿ .
その男の子は眠そうに見えますか。
➡ ＿Does＿ the boy ＿look＿ ＿sleepy＿ ?
今日マイはどのように見えますか。
➡ ＿How＿ ＿does＿ Mai ＿look＿ today?
└「どのように」と聞くときはhowで始める

否定文や疑問文の語順は
一般動詞の文と同じだ！

確認問題

(1) 日本文に合うように、（ ）内の語句を並べかえましょう。
　①あなたは疲れているように見えます。
　(tired / you / look). ➡ ＿＿＿You look tired＿＿＿
　②そのケーキはおいしそうに見えますか。
　(look / does / delicious / the cake)?
　➡ ＿＿＿Does the cake look delicious＿＿＿ ?

(2) 日本文を英語になおしましょう。
　①彼らは眠そうに見えます。 ➡ ＿＿＿They look sleepy.＿＿＿
　②あの子どもたちは元気そうに見えません。
　➡ ＿＿＿Those children don't look well[good / fine].＿＿＿

解説 ⑥〈be動詞＋形容詞〉と〈look＋形容詞〉

be動詞＋形容詞 → 「～である」
look＋形容詞　　→ 「～のようだ」

　〈be動詞＋形容詞〉と〈look＋形容詞〉の違いは、〈be動詞＋形容詞〉は「～である」と状態を表す表現であるのに対して、〈look＋形容詞〉は「～のようだ」と視覚的な判断、あくまでも見た目を表す表現であるということです。

▶ be動詞＋形容詞
「～である」という状態を表す。
例①　The new teacher is kind.
　　　その新しい先生は親切です。
　この場合、話し手は「その新しい先生は親切だ」と言い切っており、実際に新しい先生が親切である場面を経験しています。
例②　This car is expensive.
　　　この車は高いです。

何らかの情報をもとに「この車は高い」と言っています。この文では、車の見た目は関係なく、高い車である事実のみを表しています。

▶ look＋形容詞
「～のようだ」という視覚的な判断を表す。
例③　The new teacher looks kind.
　　　その新しい先生は親切そうです。
　この場合、話し手から見て新しい先生は「親切そうに見える」だけで、実際に親切かどうかまではわかりません。
例④　This car looks expensive.
　　　この車は高いように見えます。
　この車はとにかく「高そうに見える」ことを示しており、実際にこの車が高いかどうかは確認しないとわかりません。
　このように、〈be動詞＋形容詞〉は事実（状態）を述べ、〈look＋形容詞〉は様子（見た目）を表しているのです。

1 can の文「〜できます」「〜できません」 ‥‥‥‥‥‥‥‥‥ 64・65 ページの解答

He **can** play the guitar.
彼はギターを弾くことが<u>できます</u>。

She **cannot** play the guitar.
彼女はギターを弾くことが<u>できません</u>。

Point! 「〜できます」は can，「〜できません」は cannot で表す。

can の文「〜できます」

「〜できます」と言うときは，〈can + 動詞の原形〉で表す。

レナはテニスをします。
Rena plays tennis.
レナはテニスをすることができます。

Rena ___can___ ___play___ tennis.

■日本文を英語になおしましょう。

私は日本語を読めます。
→ I ___can___ ___read___ Japanese.
└ canのあとの動詞は原形

私の妹は車を運転できます。
→ My sister ___can___ ___drive___ a car.

主語が何でも
canの形は
変わらないんだ！

■日本文に合うように，（　）内の語句を並べかえましょう。
私たちはあなたのお母さんを手伝えます。
(your mother / we / can / help). → ___We can help your mother___ .

can の否定文「〜できません」

「〜できません」という can の否定文は，〈主語 + cannot[can't] + 動詞の原形 〜.〉
の語順で表す。

レナはテニスをすることができません。
Rena ___cannot___ ___play___ tennis.
└ 短縮形はcan't

■日本文を英語になおしましょう。

私は英語を上手に話せません。
→ I ___cannot[can't]___ ___speak___ English well.

memo
cannotの短縮形はcan't。

私の弟は牛乳を飲めません。
→ My brother ___cannot[can't]___ ___drink___ milk.

■日本文に合うように，（　）内の語句を並べかえましょう。
彼らはコーヒーを飲めません。
(coffee / they / can't / drink). → ___They can't drink coffee___ .

確認問題

(1) （　）内の指示にしたがって，英文を書きかえましょう。
① I can make dinner today. （否定文に）
→ ___I cannot[can't] make dinner today.___

② She swims well. （「〜できます」という文に）
→ ___She can swim well.___

(2) 日本文を英語になおしましょう。
①私はスキーができます。→ ___I can ski.___

②私たちは上手に歌えません。
→ ___We cannot[can't] sing well.___

2 Can you 〜? 「〜できますか」/ Can I 〜? 「〜してもいいですか」‥‥ 66・67 ページの解答

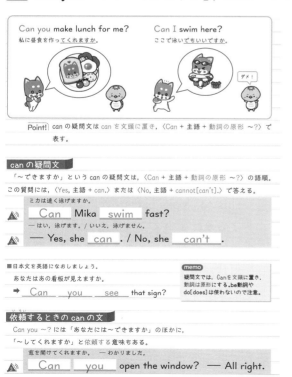

Can you make lunch for me?
私に昼食を作って<u>くれますか</u>。

Can I swim here?
ここで泳いで<u>もいいですか</u>。

ダメ！

Point! can の疑問文は can を文頭に置き，〈Can + 主語 + 動詞の原形 〜?〉で
表す。

can の疑問文

「〜できますか」という can の疑問文は，〈Can + 主語 + 動詞の原形 〜?〉の語順。
この質問には，〈Yes, 主語 + can.〉 または 〈No, 主語 + cannot[can't].〉で答える。

ミカは速く泳げますか。
___Can___ Mika ___swim___ fast?
— はい，泳げます。 / いいえ，泳げません。
— Yes, she ___can___ . / No, she ___can't___ .

■日本文を英語になおしましょう。
あなたはあの看板が見えますか。
→ ___Can___ ___you___ ___see___ that sign?

memo
疑問文では，Canを文頭に置き，
動詞は原形にする。be動詞や
do[does]は使わないので注意。

依頼するときの can の文

Can you 〜? には「あなたには〜できますか」のほかに，
「〜してくれますか」と依頼する意味もある。

窓を開けてくれますか。 — わかりました。
___Can___ ___you___ open the window? — All right.

■日本文を英語になおしましょう。
私の誕生日にケーキを作ってくれませんか。
→ ___Can___ ___you___ ___make[bake]___ a cake for my birthday?

依頼するときは
youが主語だ！

許可を求めるときの can の文

can には「〜してもよい」と許可する意味もあり，
Can I 〜? で「（私は）〜してもいいですか」と表現することができる。

ドアを開けてもいいですか。 — いいですよ。
___Can___ ___I___ open the door? — Sure.

■日本文を英語になおしましょう。
ここに座ってもいいですか。
→ ___Can___ ___I___ ___sit___ here?

確認問題

(1) 日本文に合うように，（　）内の語句を並べかえましょう。
①あなたの妹は速く走れますか。
(run / your sister / can / fast)?
→ ___Can your sister run fast___ ?

②彼らは日本語が話せますか。
(they / speak / can / Japanese)?
→ ___Can they speak Japanese___ ?

(2) 日本文を英語になおしましょう。
①あなたの弟はスキーができますか。
→ ___Can your brother ski?___

②音楽を聞いてもいいですか。
→ ___Can I listen to music?___

| Can I ～?　→【許可】「～してもいいですか」 |
| Can you ～? →【依頼】「～してくれますか」 |

　Can I ～? と Can you ～? の使い分けはわかりますか。相手に「（自分が）～してもいいですか」と許可を得る表現が Can I ～?，「～してくれますか」と相手に依頼する表現が Can you ～? です。

▶ Can I ～?

【許可】「～してもいいですか」

例① <u>Can I</u> play this video game?
　　　このテレビゲームをしてもいいですか。

例② <u>Can I</u> have this chocolate?
　　　このチョコレートを食べてもいいですか。

　Can I ～? は，自分が何かをしたくて，相手からそれに対する許可をもらうために使う表現です。

▶ Can you ～?

【依頼】「～してくれますか」

例③ <u>Can you</u> make breakfast?
　　　朝食を作ってくれますか。

例④ <u>Can you</u> wash the dishes?
　　　お皿を洗ってくれますか。

　Can you ～? は，相手に何かをしてもらいたくて，依頼するときに使う表現です。

　動作の主体が自分なら Can I ～?，相手なら Can you ～? を使うと覚えましょう。

▶ Can I ～? Can you ～? への答え方

　よく使われる表現が，次の3つです。
Sure.「もちろん，いいとも」
All right.「よろしい，わかった，了解した」
No problem.「いいですよ，もちろん」の
　やむなく断るときには I'm sorry, but ...「ごめんなさい，でも…」と理由をつけ加えるようにしましょう。

第12章 過去の文・There is ～の文

1 「～しました」①規則動詞 ・・・・・・・・・・・・・・・・・・・・・・・・・・・・ 68・69 ページの解答

He walked last Sunday.
彼は先週の日曜日に歩きました。

He used the computer yesterday.
彼は昨日，そのコンピューターを使いました。

Point! 過去を表すときは，動詞の語尾に (e)d をつけて過去形にする。

過去の文（規則動詞）

「～しました」と過去のことを表すときは，動詞を過去形にする。

| 現在の文 | 私はテニスをします。 I play tennis. |
| 過去の文 | 私はテニスをしました。 I <u>played</u> tennis. |

〈規則動詞の過去形〉

一般動詞の種類	過去形の作り方	原形 → 過去形
多くの動詞	語尾に ed をつける	enjoy（～を楽しむ）→ enjoyed visit（～を訪れる）→ visited
語尾が e	語尾に d をつける	live（住む）→ lived use（～を使う）→ used
語尾が〈子音字＋y〉	語尾の y を i に変えて ed をつける	study（～を勉強する）→ studied
stop など	最後の文字を重ねて ed をつける	stop（止まる）→ stopped

■日本文を英語になおしましょう。
私のおじは広島に住んでいました。
➡ My uncle <u>lived</u> in Hiroshima.

memo
多くの一般動詞は，過去形にするとき語尾に (e)d をつける。このように規則的に変化する動詞を規則動詞と言う。

過去のある時点を表す言葉

過去の文では，過去のある時点を表す言葉を使うことが多い。

彼女は昨日，パーティーを楽しみました。
She <u>enjoyed</u> the party <u>yesterday</u>.

■日本文を英語になおしましょう。
ハルカは3日前にその映画を見ました。
➡ Haruka <u>watched[saw]</u> the movie <u>three</u> <u>days</u> <u>ago</u>.
私のおばはそのときイギリスに住んでいました。
➡ My aunt <u>lived</u> in England <u>then</u>.
　　　　　　　　　　　　　　└空らんの数に注意

私は先週，その博物館を訪れました。
➡ I <u>visited</u> the museum <u>last</u> <u>week</u>.

memo
過去のある時点を表す語
yesterday「昨日」，
last ～「この前の～，先～」
～ ago「～前」
then, at that time「そのとき」

（確認問題）
(1) （　　）内の指示にしたがって，英文を書きかえましょう。
① I watch a movie at home.（過去の文に）
➡ 　　　I watched a movie at home.

② We use this computer.（文末に yesterday を加える）
➡ 　　　We used this computer yesterday.

(2) 日本文を英語になおしましょう。
① 私たちは夕食を料理しました。
➡ 　　　We cooked dinner.

② 彼女の車が私の家の近くに止まりました。
➡ 　　　Her car stopped near my house[home].

2 「〜しました」②不規則動詞 ·································· 70・71 ページの解答

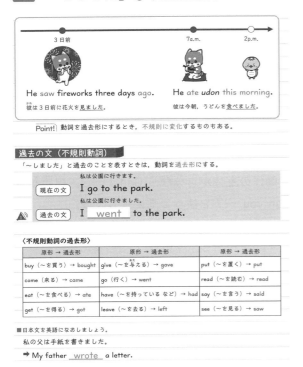

He saw fireworks three days ago.
彼は3日前に花火を見ました。

He ate *udon* this morning.
彼は今朝、うどんを食べました。

Point! 動詞を過去形にするとき，不規則に変化するものもある。

過去の文（不規則動詞）

「〜しました」と過去のことを表すときは，動詞を過去形にする。

| 現在の文 | 私は公園に行きます。
I go to the park. |
| 過去の文 | 私は公園に行きました。
I __went__ to the park. |

〈不規則動詞の過去形〉

原形 → 過去形	原形 → 過去形	原形 → 過去形
buy（〜を買う）→ bought	give（〜を与える）→ gave	put（〜を置く）→ put
come（来る）→ came	go（行く）→ went	read（〜を読む）→ read
eat（〜を食べる）→ ate	have（〜を持っている など）→ had	say（〜を言う）→ said
get（〜を得る）→ got	leave（〜を去る）→ left	see（〜を見る）→ saw

■日本文を英語になおしましょう。

私の父は手紙を書きました。

➡ My father __wrote__ a letter.

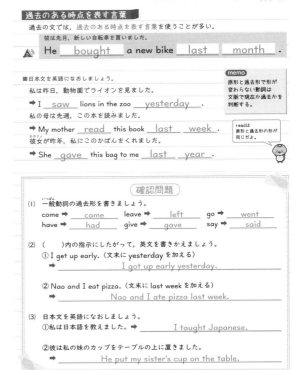

過去のある時点を表す言葉

過去の文では，過去のある時点を表す言葉を使うことが多い。

He __bought__ a new bike __last__ __month__ .

■日本文を英語になおしましょう。

私は昨日，動物園でライオンを見ました。

➡ I __saw__ lions in the zoo __yesterday__ .

私の母は先週，この本を読みました。

➡ My mother __read__ this book __last__ __week__ .

彼女が昨年，私にこのかばんをくれました。

➡ She __gave__ this bag to me __last__ __year__ .

memo
原形と過去形で形が変わらない動詞は文脈で現在か過去かを判断する。

readは原形と過去形の形が同じだよ。

確認問題

(1) 一般動詞の過去形を書きましょう。

| come ➡ __came__ | leave ➡ __left__ | go ➡ __went__ |
| have ➡ __had__ | give ➡ __gave__ | say ➡ __said__ |

(2) （　）内の指示にしたがって、英文を書きかえましょう。

①I get up early.（文末に yesterday を加える）
➡ __I got up early yesterday.__

②Nao and I eat pizza.（文末に last week を加える）
➡ __Nao and I ate pizza last week.__

(3) 日本文を英語になおしましょう。

①私は日本語を教えました。➡ __I taught Japanese.__

②彼は私の妹のカップをテーブルの上に置きました。
➡ __He put my sister's cup on the table.__

---

3 「〜しましたか」「〜しませんでした」 ···························· 72・73 ページの解答

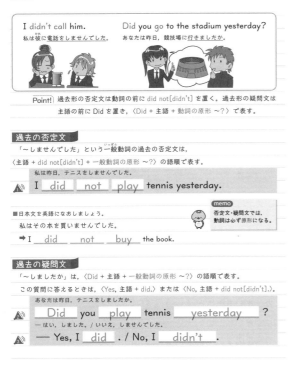

I didn't call him.
私は彼に電話をしませんでした。

Did you go to the stadium yesterday?
あなたは昨日、競技場に行きましたか。

Point! 過去形の否定文は動詞の前に did not[didn't] を置く。過去形の疑問文は主語の前に Did を置き、〈Did + 主語 + 動詞の原形 〜?〉で表す。

過去の否定文

「〜しませんでした」という一般動詞の過去の否定文は、
〈主語 + did not[didn't] + 一般動詞の原形 〜?〉の語順で表す。

私は昨日、テニスをしませんでした。

I __did__ __not__ __play__ tennis yesterday.

■日本文を英語になおしましょう。

私はその本を買いませんでした。

➡ I __did__ __not__ __buy__ the book.

memo
否定文・疑問文では、動詞は必ず原形になる。

過去の疑問文

「〜しましたか」は、〈Did + 主語 + 一般動詞の原形 〜?〉の語順で表す。
この質問に答えるときは、〈Yes, 主語 + did.〉または〈No, 主語 + did not[didn't].〉。

あなたは昨日、テニスをしましたか。

__Did__ __you__ __play__ tennis __yesterday__ ?

— はい、しました。/ いいえ、しませんでした。

— Yes, I __did__ . / No, I __didn't__ .

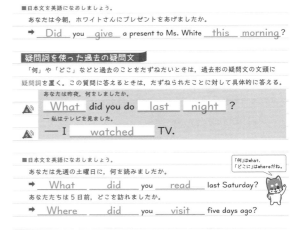

■日本文を英語になおしましょう。

あなたは今朝、ホワイトさんにプレゼントをあげましたか。

➡ __Did__ you __give__ a present to Ms. White __this__ __morning__ ?

疑問詞を使った過去の疑問文

「何」や「どこ」などと過去のことをたずねたいときは、過去形の疑問文の文頭に疑問詞を置く。この質問に答えるときは、たずねられたことに対して具体的に答える。

あなたは昨夜、何をしましたか。

__What__ did you do __last__ __night__ ?

— 私はテレビを見ました。

— I __watched__ TV.

■日本文を英語になおしましょう。

「何」はwhat。「どこに」はwhereだね。

あなたは先週の土曜日に、何を読みましたか。

➡ __What__ __did__ you __read__ last Saturday?

あなたたちは5日前、どこを訪れましたか。

➡ __Where__ __did__ you __visit__ five days ago?

確認問題

(1) 「あなたのお姉さんはいつ私に電話しましたか。」という意味になるように、（　）内の語句を並べかえましょう。

(your sister / did / me / when / call)?
➡ __When did your sister call me__ ?

(2) 日本文を英語になおしましょう。

私は先週の日曜日、あの公園へは行きませんでした。
➡ __I did not[didn't] go to that park last Sunday.__

4 be動詞の過去形「〜でした」 ……………………………………… 74・75 ページの解答

I was **at home** last Saturday.
私は先週の土曜日、家に**いました**。

Were you happy yesterday?
あなたは昨日、楽し**かった**ですか。

Point!「〜でした」「(〜に)いました」と過去のことを言うときは、
be動詞の過去形 was か were を使う。

be動詞の過去形

「〜でした」「(〜に)いました」と言うときは、was(am, is の過去形)、
または were(are の過去形)を使う。

彼は病気でした。

He ___was___ sick.

■日本文を英語になおしましょう。

私は昨日、忙しかったです。

➡ I ___was___ busy yesterday.
　　　　└ am の過去形

私たちは九州にいました。

➡ We ___were___ in Kyushu.
　　　　　　└ are の過去形

memo	
be動詞	
現在形	過去形
am	was
is	was
are	were

be動詞の過去形の否定文

be動詞の過去の否定文は、〈主語 + wasn't 〜.〉や〈主語 + weren't 〜.〉で表す。

彼は病気ではありませんでした。

He ___wasn't___ sick.

■日本文を英語になおしましょう。

私は昨日、家にいませんでした。

➡ I ___wasn't___ at home yesterday.

was not の短縮形はwasn't。
were not の短縮形はweren't。

be動詞の過去形の疑問文

be動詞の過去の疑問文は、〈Was[Were] + 主語〜?〉で表す。

彼は病気でしたか。

___Was___ he sick?

— はい、病気でした。/ いいえ、病気ではありませんでした。

── Yes, ___he___ ___was___ . / No, ___he___ ___wasn't___ .

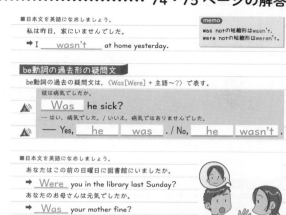

■日本文を英語になおしましょう。

あなたはこの前の日曜日に図書館にいましたか。

➡ ___Were___ you in the library last Sunday?

あなたのお母さんは元気でしたか。

➡ ___Was___ your mother fine?

確認問題

(1) ( )内の指示にしたがって、英文を書きかえましょう。

① I am hungry.（文末に last night を加える）
➡ ___I was hungry last night.___

② Is your sister happy?（文末に then を加える）
➡ ___Was your sister happy then?___

(2) 日本文を英語になおしましょう。
あなたはうるさくはありませんでした。
___You were not[weren't] noisy[loud].___

---

5 There is 〜. / There are 〜.「〜があります」 ………………………… 76・77 ページの解答

There is an apple.
リンゴが 1 つあります。

There are some apples.
リンゴがいくつかあります。

Point!「〜があります」「〜がいます」は、〈There is 〜.〉
または〈There are 〜.〉で表す。

There is 〜. / There are 〜.「〜があります」

「〜があります」「〜がいます」は〈There is[are] 〜.〉で表す。

1 つのものを指すときは〈There is 〜.〉、2 つ以上のときは〈There are 〜.〉を使う。

ベンチの上に帽子が 1 つあります。

___There___ ___is___ a hat on the bench.

■日本文を英語になおしましょう。

その駅の前にはたくさんの店があります。

➡ ___There___ ___are___ a lot of stores in front of the station.

固有名詞やtheがついた特定の人・もの
にはThere is[are] 〜. は使えない。

There is 〜. / There are 〜.「〜があります」の疑問文

〈There is[are] 〜.〉の疑問文は、〈Is[Are] + there + 主語（ + 場所）?〉の語順。

この質問に答えるときは、〈Yes, there is[are].〉または〈No, there isn't[aren't].〉。

あなたの家の近くにはお城がありますか。

___Is___ ___there___ a castle near your house?

— はい、あります。/ いいえ、ありません。

── Yes, ___there___ ___is___ . / No, ___there___ ___isn't___ .

■日本文を英語になおしましょう。

公園の近くに図書館がありますか。

➡ ___Is___ ___there___ a library near the park?

その公園にはたくさんのベンチがありますか。

➡ ___Are___ ___there___ many benches in the park?

「…にいくつの〜がありますか」

「…にいくつの〜がありますか」は〈How many 〜 are there …?〉で表す。

その箱の中にはいくつのボールがありますか。

___How___ ___many___ balls are there in the box?

■日本文を英語になおしましょう。

箱にいくつのオレンジがありますか。

➡ ___How___ ___many___ ___oranges___ ___are___ ___there___ in the box?
　　　　　　　　　　　└「いくつ」とたずねるときは名詞は複数形

確認問題

(1) 「テーブルの上に何枚の皿がありますか。」という意味になるように、( )
内の語句を並べかえましょう。
(dishes / the table / are / how many / there / on)?
➡ ___How many dishes are there on the table___ ?

(2) 日本文を英語になおしましょう。
① その動物園にはライオンが 2 頭います。
➡ ___There are two lions in the zoo.___

② あなたの学校には図書室がありますか。
➡ ___Is there a library in[at] your school?___

6 過去進行形 ‥‥‥‥‥‥‥‥‥‥‥‥‥‥‥‥‥ 78・79ページの解答

I was skiing at 3 p.m. yesterday.
私は昨日の午後3時にスキーをしていました。

昨日の午後3時は何していたの？

Point! 「(過去のある時点に)〜していました」と言うときは，〈主語 + was[were] + 動詞の ing形 〜.〉で表す。

過去進行形の文

「(過去のある時点に)〜していました」というときは，〈主語 + was[were] + 動詞の ing形 〜.〉の語順。

私は昨日の5時に，サッカーをしていました。

I **was** **playing** soccer at five yesterday.

■日本文を英語になおしましょう。
彼らはそのとき台所を掃除していました。

➡ They **were** **cleaning** the kitchen then.

過去進行形の否定文

「〜していませんでした」は，〈was[were] not + 動詞の ing形 〜〉の語順。

彼はトムと話していませんでした。

He **was** **not** **talking** with Tom.

■日本文を英語になおしましょう。
そのとき，私たちは父を手伝っていませんでした。

➡ We **weren't** **helping** our father then.
were not の短縮形

過去進行形の疑問文

「〜していましたか」は，〈Was[Were] + 主語 + 動詞の ing形 〜?〉の語順。

彼はトムと話していましたか。

Was he **talking** with Tom?

— はい，話していました。 / いいえ，話していませんでした。

— Yes, he **was** . / No, he **wasn't** .

■日本文を英語になおしましょう。
あなたたちは図書館で本を読んでいましたか。

➡ **Were** you **reading** books in the library?

確認問題

(1) 日本文に合うように，（ ）内の語句を並べかえましょう。
①私は朝食を作っていました。
(making / was / I / breakfast).
➡ I was making breakfast .

②彼らは泳いでいませんでした。
(they / swimming / not / were).
➡ They were not swimming .

(2) 日本文を英語になおしましょう。
①私はピアノを弾いていました。 ➡ I was playing the piano.

②そのとき，あなたは紅茶を飲んでいましたか。
➡ Were you drinking tea then[at that time]?

解説 ⑧ There is / are の文のルール

> There is / are + 不特定の名詞
> 「〜があります，います」

There is/are 〜 .「〜があります，います」の文とルールを覚えましょう。

▶ There is + 単数名詞・数えられない名詞

There is のあとには，単数名詞または数えられない名詞が来ます。

例① There is a computer on my desk.
私の机の上にコンピューターがあります。

a computer「(1台の)コンピューター」は単数名詞です。

例② There is some water in my water bottle.
私の水筒にいくらか水があります。
すいとう

water「水」は数えられない名詞です。

▶ There are + 複数名詞

There are のあとには複数名詞が来ます。

例③ There are many books in the library.
その図書館にはたくさんの本があります。

book「本」は数えられる名詞で，ここではたくさん(many)あるので，複数形の books が使われています。

▶ There is / are が使えないケース

地名や人の名前などの固有名詞を使って There is 〜とは表現しません。なぜならば，There is / are の文は「目新しいもの」「知らないもの」に使うものだからです。

ですから，There is Jim on the street.（ジムが通りにいます。）という表現はしません。なぜなら，ジムは知り合いだからです。

人名や地名といった固有名詞だけではなく，the, my, this などがついている名詞（the man, my sister, this dog など）も，基本的に There is / are の文は使いません。